講話集1

神様にまかせきる

五井昌久

白光出版

著　　者（1916~1980）

講話集　刊行にあたって

五井昌久先生は、昭和三十年代から昭和五十年代初めにかけて、千葉県市川市の新田道場や聖ヶ丘道場（当時）をはじめ、さまざまな場所で講話会を開かれ、人々に生きる勇気と感銘を与えてこられました。

本書は、そうした五井先生の講話のうち、機関誌や書籍に発表されていなかったものを時系列にまとめたもので、これがシリーズ第一集目となります。

お話はたいてい質問に答えてなさったもので、日常の身近な問題から、ひろく世界の平和や宇宙の問題、霊界や死後の生活のこと、永遠の生命の覚醒、霊性開発という本質的な問題、またご自分のことなど、極めて親切に、分かりやすく、また面白く説いてくださっています。それらを通して、人間とは何か、いかにして自由無礙の心に至れるかを知ることが出来ます。

そのような自由無礙の生き方を誰しもが出来る日を、五井先生は天界で待っておられるに違いありません。

平成二十一年二月

編集部

目次

天命について

この世の不幸などどこわがることはない

講話集1

神様にまかせきる

人間、全部が神で全部が仏《ほとけ》

（昭和33年10月）

地球界の成り立ち

一番最初に大神様（注1）があります。大神様は無限絶対です。摑みようもなければ、捉えようもない。絶対なる光、絶対なる智慧、絶対なる力が陰陽に分かれて、いろんな世界が分かれてきたのです。まず陰陽に分かれ、その陰と陽も、また陰陽に分かれて、そして交じり合う。光と光とが交叉《こうさ》して、陰陽を生んでゆく。

地球界というのは、まだ新しいのです。太陽系宇宙の中で一番始めに完成した世界が金星です。

大神様が分かれた直霊《ちょくれい》（注2）、人間界に働く直霊というものが、一番はじめに金星に働きかけ、そして海霊《うみだま》（注3）とか、木霊《こだま》とかいうものが、つまり鉱物を創る神とか植物を創る神とかが、やはり物質界のようなものを作った。そこへ直霊から分かれた分霊が入り、金星でいろいろ修行して、肉体を持っていても、神々のような立派な働きをしている人たちが出来上がったわけです。

そのように金星は先に生まれ、いろいろ経験し、完成した世界を創り上げた。それからいわゆる天孫降臨《てんそんこうりん》で、地球界に下ってきたわけです。形の上で言えば、天降《あまくだ》ったというのは本当のことなんですよ。本当は空間も時間もないんだけれど、空間的、時間的に考えれば、金星が出来、そこで神と同じような完全な人間が出来、そこから地球界に天降ってきたわけです。

金星が苦労してそれだけになったように、やはり地球界も、はじめは物質界ですから、物質というのはどういうものかというと、波動が粗《あら》いのです。狭い窮屈な、形が限定されたところへ、形の限定されてない、いわゆる素早いスピードを持った霊が、魂魄《こんぱく》として入ってくるわけです。そうすると不自由ですよ。いつも言うように、裸で泳げば楽なのに、着物を着て、重い潜水服を着て泳いだら、うまく泳げないように、いかに名人でも、潜水服を着ていたら、百メートルを一分何秒では泳げないでしょう。金星では素晴しい働きを持った霊魂たちが、地球界の肉体界に降りてきた時には、働きにくい。そこから業《ごう》が出来たんです。

業というのは、スピードが落ちたことなんです。ものすごいスピードで走れば、光でもサッといっぺんに走ります。地球を一秒間に七回り半するというでしょう。アッという間に光は回ってしまう。

人工衛星というのは、人間が神へ還元する一つの現われと言えるのですよ。何故かと言うと、スピードが速いでしょ。

人間というのはスピードを好みます。自転車でいいのに、わざわざオートバイに、スクーターに乗りますね。なぜ乗るかというと、速いほうが気持ちがいいからですよ。何でも速いほうがいい。

東海道もはじめは歩いていたわけです。それが汽車になって、電車が出来、飛行機が出来たわけでしょ。だんだんだんだんスピードが増してます。そして今は人工衛星を飛ばすようになった。ここまでスピードが増してきたのは、物質界を通してやはり元に戻ろうとする意識の現われで、そういう意識がスピード化させているわけなんです。

昔だったら東京から大阪へ行くのでも、大変な時間がかかった。ところが今は、東京からアメリカへ行くのでも、大阪へ行くより速い。飛行機に乗っていけばわけない。そのようにスピード化されると、今まで広い空間だったものが、うんと狭くなったわけ。時間が速いということは、空間が狭くなったと同じことです。

たとえば、テレビにしても、放送局から電波はどこへでもいっぺんに来ますね。距離としては遠いところからやってくるんだけれど、時間としては短い。すると距離がわかりませんね。テレビを見ていて、いちいち放送局との距離を考えて見ている人はいないでしょう。ニュースをやっていれば、国会のありさまが見える。事件を放送していれば、自分が巻き込まれたように思う。距離というものはほとんど考えない。

そのように距離感がなくなって、空間がだんだん短縮されてゆくわけです。今じゃアメリカだって大したことがない。今にみんながジェット機に乗って移動するようになったら、一瞬にして東京と名古屋はおろか、東京とアメリカがそれこそ千葉県と東京ぐらいになってしまう。

いわゆるスピード化してくる。もっと速くなるかもしれない。そうすると地球が小さなものになってしまう。今度は、宇宙のいわゆる金星とか火星とか、土星とか木星とか、そういうほうに走ってゆくわけですよ。だんだん空間が縮まってゆく。ということはスピードが速くなってゆく。スピードが速くなってゆくというのは、本来の霊の姿がだんだん現われてきているということです。

地球は退歩は一つもしていない。どんどん進歩しているわけです。物質的に進歩しているわけです。物質的に神のみ心が現われつつあるんです。ところが人間の精神面の働き、霊的な働きがまだ低いために、物質的に現われた科学的な力を逆用して、今度は地球を滅ぼしてしまうような、そういうところまで地球を追いやってきたのです。

始まりに金星から天降ってきて、物質界を築いてきて、今のように仕上げてきたわけですが、その間に業想念もたくさん増えて、戦争を限りなく繰り返してきて、苦しみもあり、悪戦苦闘して、今、生老病死の中に包まれてしまっている。その中でトンネルを掘って、掘りつづけている最中で、向こう側に明かりが見えてきて、早く明かりのあるところに行きたい、というのが今なんです。もう少しでトンネルが掘り上がるところなんです。

その掘り上がりの最後の仕かけは、要するに霊的な力でなければ、掘り上がらないという、そこまで来ている。

神の世界から天降ってきて、物質の中に入り、それが、またグルリと回転して、神の世界に戻る、ということが地球世界の使命なのです。

それを先に成し遂げたのが金星なんです。金星人というのは、守護神《しゅごじん》（注4）と見ていいですね。神々なんです。さっき斎藤（注5）さんが「金星にも肉体の世界がある」と言いましたが、ふつう言う肉体の世界とちょっと違うのです。

皆さんのふつうの五官の目で見れば、誰でも肉体が同じに見えます。どんなに霊化している人でも、霊化していない人でも、唯物論者の身体《からだ》も、私たちの身体も、身体としては同じに見えます。ただやせてるな、小さいなという形だけで、六尺の大男も私も、肉体的には同じに見えます。ところが違う。全然違うのです。何が違うのかというと、肉体の微妙さが違う。

肉体が一つ生まれてくるのでも、何回も何回も生まれ変わり生まれ変わりして、この肉体の要素を磨きに磨いて、霊がそのまま降りてきても働けるような、肉体に入っても神のみ心がそのまま現わせるような人間をつくろう、と思って長い間かかっているわけです。

一方では科学的な頭で、どんどん物質界を進歩させていって、今のようなロケット、人工衛星までも仕上げてきている。片一方では霊化させるような、何回も同じ肉体要素を使って、磨きに磨きをかけているのです。

肉体はとても大事なもの

だから、肉体というものはバカにならないんですよ。よく霊的なことばかり言う人は、肉体を粗末にするんです。肉体さえなければオレは悟れる、というようなことを言って、滝にあたったり、ぶったりけったり、難行苦行して肉体を酷使し、いじめるんですね。それは大間違いなんです。

肉体をいじめることは霊の修行にはならないんです。肉体は肉体でとても大事なものなのです。それは器《うつわ》だから。

神様のほうから、霊の流れが入ってくる。本体のほうから肉体に入ってきて、いのちとして生きているわけです。その生きているものを素直に素直に流していけば、次第に霊化してゆくわけなんです。それを前の世でも、前の世でも、前の世でもやっているわけです。それで磨きに磨きをかけているわけです。

人間が亡くなるとします。その人間の肉体はどこへ行くかというと、今は大体灰になりますね。灰になったら、ハイさようなら（笑）かというとそうでもない。魄《ぱく》の要素としてこの地球界にあるのです。

そうすると、生まれ変わってくる霊魂がありますね。生まれ変わりといっても、いろいろありましてね。楠太郎が南部二郎になって生まれてくるというだけではないんです。楠太郎、足利次郎、源の三郎、平の四郎という四人が一つになって生まれてくる場合もあれば、その逆に、一つの魂が四つに分かれて、四つの肉体を作ってくるものがある。いろいろ混合して、いろんな魄を呼び寄せて、その中に宿ってくる場合もある。

人が亡くなって、霊魂が魄《ぱく》という肉体を離れます。離れて、自分の思いの通りの世界へ行くのです。短気で短気で仕方がなくて、年中他をやっつけてばかりしていた人は、短気の世界へ行くんです。そしてそこで修行する。何年かたって肉体界に生まれてくるとする。守護霊守護神(注6)はその人を修行させ、磨きをかけて、それに合うような肉体要素を呼びよせて、母親の中へ入れる。そして霊魂がそこに入るんです。

人間が一人生まれてくるということは、守護霊と守護神とがともに働いて、魄（肉体要素）を呼び寄せる。肉体要素は大地に還って埋まっている。それを引き出して、母親の中へ、精子を通して入れてやるわけです。入れたところで霊魂を呼び寄せて、中に入れるんです。

だから赤ちゃんを生む時には、おなかに入る時には、本当に祈りの気持ちで入れなければいけませんね。夫婦生活も祈りの気持ちで、世界平和の祈りをしながらするようにしなければいけませんね。

もし間違った想いでもってした時は、後でお腹に赤ちゃんが入ったら、一生懸命、世界平和の祈り(注7)をするんですよ。そうしないと守護神や守護霊がちゃんと働けないんです。守護神、守護霊がいい肉体要素を入れてくれて、霊魂とピタッと合わせてくれるためには、守護霊や守護神と母親に入る霊魂と、両親の想いとがみんな一体になって、うまく引き寄せるようにしないといけない。

だから胎教というのが大事だというでしょう。胎教というのは、お腹の中にいる時の教育という意味ですが、これが大事だというのはどういうことかというと、守護霊、守護神とピッタリと合うため、あるいは入ってくる分霊とピタリと想いが合うためなのです。そうするといい分霊がいい要素を持って入ってくるのです。

どんないい魂が入ってきても、障害があったり、あるいは病弱で、十三や十五才で亡くなるとか、四つや五つで亡くなるとか、若くて亡くなる子がありますね。けれど魂がいい場合があります。いくら魂がよくたって、早く死なれては情けないですね。それは肉体要素と魂要素がうまく調和しなかったのです。この頃、やたらにお腹に入った子を堕《おろ》したりするけれど、万が一、止むを得なく堕す場合には、本当に守護霊、守護神におわびしなければいけません。

私は時々頼まれて困ることがあります。

「先生、ひとつお願いします」何をお願いしたいのかわかるので困っちゃうんです。いけないとしても、やるべき運命の場合がありますね。そういう時に、私がいけないというと、堕した後で「ああ先生もいけないとおっしゃった、自分の本心もいけないと思っている。ああ悪いことをした悪いことをした」とかえってその人の心が痛むでしょ。それではかわいそうだから「よし引き受けました。守護霊守護神さんにおわびしといてあげますよ」と言って、本当におわびしてあげるんです。

その代わり、進化するために肉体に生まれるべき霊魂のために、私は祈ってあげるんです。そうすると少し遅れて、他へ生まれても、それだけのプラスがあるんです。そういうように祈って、それで「よし！」と言うんです。

「先生、子どもがないんですけれど、どうぞお願いします」という場合には、こっちもあっさりと「ああいいですよ」と引き受けます。大体、生まれます。

とはいえ五十になって「先生、ひとつ」と言われたって困ります（笑）。五十、六十のお歳の高い女性が（笑）お願いと言ったって、それはもう肉体要素をひきつけられないですから駄目ですけど、三十や三十四、五ぐらいだったら、大体生まれるんです。神様に頼むと八十パーセントは生まれます。特別身体が悪かったり、産んでは本人のために悪いという場合は駄目ですけれど、八十パーセントは生まれます。百パーセントではありません。

私に働くたくさんの神々の中に、そういう担当者もいるんです。たくさんのいろいろな役目を持った守護霊守護神がいるわけですが、それが働くわけです。そうすると向こうの守護神に「この人がとても子どもを欲しがっているし、いい人だから、ひとつやってくださいよ」と頼むと「よし、じゃ誰をやるか。これは一生懸命祈ってるな、これとこれが合う」と言って霊魂を降ろす。

霊魂が来なければ生まれっこない。霊魂と肉体要素がピタッと合わないとだめなんです。ピタッと合うと、精神的にも肉体的にもいい子が生まれるわけなんです。

肉体要素というものは、仇やおろそかじゃないんですよ。とても大事なものです。

霊的になった人は肉体をバカにしたり、肉体的な人は霊的なものをバカにする傾向がありますが、霊的にばかり秀れていても、肉体的に弱かったり、肉体的にばかり秀れていても、霊的に足りなかったら、これも困る。だから肉体要素と霊要素との両方がうまく重ならないといけませんね。だから、常に肉体要素というものを大事にします。

ということは、肉体を大事にするということです。そのためにはいろいろ栄養のことも考え、食べるものも十分に食べ、身体に悪いものを食べない。やたらに酒飲んでいいわけではないし、やたらにタバコを吸っていいわけでもない。やはり頭で考えなければならないですね。

神様に全託すればいい

その考えるもとはどうすればいいか、というと、神様に全託するよりありません。それは肉体のほうでは何もわからないから。

どうしたらいい霊魂が宿ってくるのかもわからない。どうしたら自分が進化してゆくのかもわからない。一番問題なのは、頭の中にある、どうしたらいい、こうしたらいい、という霊魂の働きをくもらせる想い、これでいいんじゃないかしら、これはダメじゃないかしら、という想いを除外しなければいけません。

除外するためにどうしたらいいか、というと、ああじゃない、こうじゃないという想いを持ったまま、そのまま神様の中へ入ってしまうより他にない。神様の中にダーッと入ってゆく。それが世界平和の祈りなんですよ。

〝私たちの天命が完うされますように〟という祈りとは、想いがそのまま神様の中に入ってゆくのです。そうすると、神様のほうから、邪魔になる想いを消してくれ、その光がそのままサーッとすごいスピードで入ってくるのです。

神様本来のスピードというのは、時間がないですから、無限の速さなのです。無限の速さの光が入ってくれば、たちまちすべてが成就するわけです。

本当に神様に全託して「神様、わが天命を完《まっと》うせしめ給え」という時には、その人の天命はもうすでに出来上がっている時なんです。本当は、一度深く思えば、天命は完うされているわけなのです。

だから一度、世界平和の祈りをすれば、本当はすでにその人の天命が完うされていて、神様のみ心に叶う生き方が出来ているわけなので、そのまま進めばいいんですよ。世界平和の祈りの想いのままで進めばいい。神様に全託した想いのままで、進めばいいんです。

ところが、神様に全託した想いが、今日あったと思ったら、明日はそうでない。「ああじゃない、こうじゃない。病気になりやしまいか、貧乏になりやしないか、明日は地震がありやしないか」というふうに思う。

その想いだけが余計なんです。だから思ったら、思った想いをまた、そのまま神様の中に入れてしまえばいいのです。つねにつねに、神様の中に自分の想いを入れておけばいいのです。それで入れておいて、もし死ぬ場合があったとしても、死んだら死んだでいいんです。死んだということは、肉体がなくなっただけであって、霊魂というものは金星に行ってしまうかもしれない。要するに神様の世界へ行ってしまうんです。

金星というのは、全託が出来てしまって、いつでも全託しているところから始まっている。ところがこの世の人は、自分の都合のいいことばかり考える。永遠のいのち、永遠の幸福などというのは一つも考えていない。自分の目の前が儲《もう》かればいいと思っている。目の前の幸福だけ思っていると、永遠の幸福というものは、いつまでたっても摑めないんです。

たとえば神様に

「ここでどうしても十万円ほしいんです」と頼んだ。そうしたら神様が、

「今は出来ない、しかし三年後には百万円出来る」と答えた。

「いや神様、三年後の百万円より、今の十万円です。どうか十万円を」と無理無理頼み込んで、十万円を手にした。しかし手にした十万もすぐなくなってしまうとともに、あと三年待てば百万円になるものも、十万円を手にしたために消えてしまう。

だから、目の前の幸福とか、永遠の幸福とか、そんなことは一切考えなくていいんです。何を思ったらいいのか、と言うと「私は本当は何もかも自分の中ではわかっているんだ。だけれども、業想念が壁をつくってしまっているんでわからないだ

けなんだ。この業想念を世界平和の祈りで、神様に全託すればいいんだ。消えてゆく姿で世界平和の祈りをしつづけていればいいんだ」ということです。

中では光り輝いているんだけれど、窓がなくて外にもれなくて、真っ暗に見えているだけです。ところが窓を開けてある人もいる。光が外へあふれている人もある。それは肉体があるから、壁があるから、全部が光り輝いている、というわけにはいかない。どうしても外に光が出ている量の多い人と、少ない人とがあるわけです。

出ている光の量を極限まで出すためにどうしたらいいか、と言ったら、肉体の想いというものを、すべて神様に投げ出さなければいけない。神様の中に全部、入れなければいけない。入れると、天孫降臨の昔に還るんです。いわゆる金星から天降ってきた昔の人間に還ってゆくわけです。神人、いわゆる神々に還ってゆくわけです。それを金星の長老などはさかんに教えています。

神様の中に想いを入れる、ということは、想いを超《こ》えるということなのです。自分の想いを超えない限りは、その人は立派にならない。ところが想いを超える方法を、みんなは知らない。

怒りの想いが出てくる。すると怒っちゃいけない、怒っちゃいけないと思うでしょう。怖れの想いが出てくると、怖れてはいけない、怖れてはいけないと思う。恨みの想いが出ると、恨んじゃいけない、恨んじゃいけない、と思う。それだけじゃだめなんです。想いを押し込めているだけだから。

いけないいけないと潜在意識の中に、圧力をこめて押し込んでいる。怒りの想いも、嫉みの想いも、いけないいけないとグーッと押えてゆく。それが今までの修養だった。しかし、これは圧力で押えているだけだから、原子爆弾みたいに凝縮してあるんだから、ある時、バーンとはね返ってきて、すごい力になって、エネルギーになって爆発する。

想いというのはエネルギーですから、抑圧したエネルギーが倍加してはね返ってくる。だからすごい怒りになり、妬みになるんです。今までの宗教も修養もそうです。医学もそうですね。毒素が出ていこうとするものを、注射して毒素を抑える。

抑える力のものばかり使った。

宗教というのは、人間を自由に解き放つ教えなのに、それを逆に、みんな抑えて自由にしないで、ああしてはいけない、こうしてはいけないと、みんな潜在意識の中へ押し込んでいたのです。

金星の長老などはそういうことを一切言ってない。本当の高い教えというものは、人間の想いを抑圧させようなんて思ってないんです。みんな出して消す、ということを考えているんですね。

その消す方法はどうするか、というと、想いの軌道の外へ出ることです。たとえば怒りの想いが出る、妬みの想いがいっぱい出ている時に、外へ出るといっても、簡単に出られないでしょ。いつも言うように、想いを持ったまま、妬みなら妬みの想いを持ったまま、まっすぐ神様の中に入ってゆく。世界平和の祈りの中に入ってゆく。あるいは五井先生なら五井先生という中へ入っていってしまうんです。

そうすると、世界平和の祈りの神様が引き受ける。五井先生に働いている神様が引き受けて、スパッと消してくれるんですね。だから構わず入ってゆくんです。持ったまま構わず入ってゆく。

全託するということは、悪い想いも善い想いも、すべて神様の中に入れてしまうことなんですよ。悪い想いだけは「これはいけないから」と言ってとっておいて入ろう、というんではない。それでは始めから入る必要はないんですよ。

地上界の人間はまだ全般に修練が足りないから、チャッチャッと想いを超えることは出来ない。短気の想いも超えられない。妬みの想いも超えられない。超えようとすると苦しいんですよ。だからそうではなくて、想いを持ったまま飛び込むんです。

共同風呂ならば、外で汚れを落としてからお湯に入る、というのが礼儀だけれど、神様の世界は構わずダッと入っちゃえばいいんです。そうすると神様は無限の光だから、ピューッと消してくれるのです。だから凡夫が凡夫のまま、迷いのまま、妬みのまま、恨みのまま、恐怖のまま入ればいいんです。

恐怖の想いが起こってきたら、逃げちゃ駄目ですよ。たとえば地震がある、とか言われると「ああどうしよう」と思うでしょ。そう思っているうちは駄目です。どうしたらいいかと言うと、世界平和の祈りの中に入ってしまう。「五井先生がいるから大丈夫だ、五井先生！」と言うと、想いが五井先生の中に入る。するとなくってしまう。原理は実に簡単なんですよ。

悟るということは、実に簡単なことなんです。仏教の大蔵経を全部読まなきゃわからないものではない。聖書を旧約から新約から全部読まなきゃわからないようなもんじゃない。簡単なんです。

想いがすべてのすべてなんです。人間のこの地上界をつくるためには想いが役立つ代わりに、想いが邪魔しているのです。役立つだけ役立って、今は物質文明の花が咲いて、人工衛星まで出来ているんだから、もうこの辺で、想いを神様の中に入れて、役立たせることにしないと、原子爆弾で戦争になってしまうんです。

地上天国は成るに決まっている

今、世界を見渡しますと、私たちが出てこないで、世界平和の祈りもやらないで、なんにもやらないでこのままでいけば、二年ともちません。この地上世界は武力と武力との争いとなり、あらゆる兵器を使っての戦いになるでしょう。平和の祈りもなく、守護神守護霊が働かなくて、そのまま放っておけば大国同士の戦いとなり、終わりです。

ところが、一巻の終わりになるようには出来てないんです。過去世、何べんも何べんも地球界は滅びているのです。天変地異や戦争で滅びて、今、七劫まで来ているんです。七というのは完成の意味ですからね。七劫で完成して、地球が天国になることになっているのです。これは神様のみ心の中では成っているんです。そのために守護神が働いていて、地球に働きかける訓練に訓練を重ねて、今日《こんにち》に至っているんですね。

それで私たちも何べんも何べんも生まれ変わって、神様に楽に使えるような、一番使いやすいような肉体要素を作らされているわけです。私ばかりじゃないですよ。いろんな人が何べんも生まれ変わって、肉体要素が霊要素とピタッと合致するように、微妙に働けるように、細かい神様の光の波と同化するような、そういう想いの人たちが随分出来ているんです。

皆さんも世界平和の祈りを毎日重ねてやっていますと、知らないうちに霊化していって、神様の心がすぐわかる、あるいは知らなくとも神様のみ心の中へ入ってゆくんです。たとえば自動車が来ても、フッとよけてしまうとか、災いを自然に避けられるような動きになってくるのです。

その一番の達人が植芝盛平先生です。合気道は宗教の極意です。先生が言っていることで、いい言葉があるんです。この前、高橋君(注8)が聞いてきまして、白光誌(注9)にも出ますけれど、

「私は相手の目を見ない。なぜなら見ると相手に吸収されてしまうから。私は相手の身体を見ない。身体に想いがとらわれるから。私は相手の剣を見ない。見ると

その中に吸収されてしまうから」というのです。では何をしているのかというと、「私は相手を見ない。ただうしろをむいて立っているだけだ。相手が私の中にみんな吸収されてしまうんだ」というんです。

大変な、すごい言葉ですよ。それを実際にやっているでしょ。相手がエイッとやっただけで、相手がすっ飛んでしまう。なんのことはない。それは何故かというと、自分の中にみんな同化してしまうからです。

敵なんかないんですよ。自分の中にすべてが入ってしまうんです。向こうは相手と見てやってくるでしょ。ところが、こっちは大きくなって宇宙大に拡がってしまうわけなんです。拡がってしまう、ということは問題にならないというわけでしょ。けし粒がいくらぶつかってきたって、なんでもないでしょ。あなたにホコリの小さいのが一つぶつかってきたって、なんでもないでしょ。ホコリがついて倒れちゃう人はないです。それと同じことです。

いくら押したって、突いたって、何にもならない。片方は宇宙大に拡がっちゃっているから、みんな吸収しちゃうわけです。そして天地一体になって、宇宙一杯に拡がっちゃうわけですから。

宇宙一杯に拡がるというのは、想いがない、ということなんです。この世は相対的でしょ。陰陽に分かれて相対的です。この地球界はその相対がさらに細かい相対に分かれたわけです。それが元の相対、イザナギ、イザナミの昔に還ると二つだけです。それをもっと昔に還れば大神様一つになるでしょ。それと同じように、地球界において要するに絶対者になれるわけです。

それは全部想いをなくしてしまう。空《くう》になってしまう。神様の中に入れてしまうということです。植芝先生はそれが出来たんです。だから相手がかかってきた時に、後ろを向いていたって、どこを向いていたって同じことです。

私がこうやっていて、向こうから誰が来ても「ああ誰が来た」とわかります。後ろも前もありゃしない。遠くのほうにいるタロベエさんはどんな人か、わかっちゃうでしょう。アメリカにいる人のことを見るのに、目で見ているわけじゃない。何も見てない。それからあなたの後ろについている人は、こういう人だ、とすぐわかります。何故わかるかというと、宇宙全体に拡がるという意味と同じなんです。時間、空間がなくなってしまう。それはどういうことかというと、元の世界に還っているということです。神様の中に入っている。神道的に言えば天御中主大神の中に入っているわけですね。大神様の中に入ってしまうわけです。

大神様からいろいろ分かれた神々があります。神々があって、要するに金星の長老のように、地球界の救済のためにいろんな聖者を送っている元締めがいます。その元締めと、この地球界で働いている人と差があるか、というとないんです。差があるようでないんです。

金星の長老と五井先生とには差があるかというと、ないんです。同じものなんです。金星の長老と大神様と違うかというと、同じものなのです。わかりますね。難しいみたいだけれど、難しくないですよ。

五井先生と斎藤さんと違うか、といったら違わない。斎藤さんとあなた方と違うかといったら違わない。全く違わない。みんな神々なんです。これが真理なんですよ。

神々というものはそういうものなんです。私とあなた方と違いやしない。一つも違わない。違うのは何かというと、想いだけなんです。想いが勝手に「違う」と思っているんです。

その想いを全部、世界平和の祈りの中へ投げ出してしまえば、同じになってしまいます。全部、五井先生になっちゃう。全部、金星の長老になっちゃう。全部、天之御中主大神になるんです。それが神道の極意なんです。それを私が一生懸命説くわけです。

そうなるためにどうしたらいいか、といったら、世界平和の祈りをやるんです。偉いとか偉くないとかいうのはないんです。お前が偉くて向こうは偉くない、私が偉くて相手が偉くない、というのはない。それは業の消えてゆく姿だけなんです。消えてしまえばみんな同じなんです。

みんな天之御中主大神なんです。みんな大日如来なんです。みんな天照大神なんです。いいですか、それがわからなきゃいけない。全部が大日如来、全部が毘盧遮《びるしゃ》那仏《なぶつ》、全部が天照大神、全部が天之御中主命《みこと》なんです。みんなそうなんです。溯《さかのぼ》ればそこから、皆出てくるんだからね。

金星の長老とあなた方が大変な違いだというのは、業の世界、想いの世界を見て「これは大変だ、比べようも何もありゃしない」といっているわけです。比べようもない。向こうは何も全くないんだから、見通し見透《す》かし、なんでも自由自在。ところがあなた方は自由自在ではないかというと、自由自在なんです。知らないだけなんです。想いで自由自在でないと思っているだけなんです。

自分の業想念、自分の想いが邪魔して、自由自在でないと思っているんです。長い習慣で、自分の想いが「だめだ」と思いこんでいるんです。自分はだめだと思い込んでいるのを、思い込むまい思い込むまいと思ったって無駄でしょ。思い込んでいるんだから。潜在意識の奥の奥まで、自分は肉体の人間だ、と思い込んでいるんだからね。神様じゃない、と思っているんだからね。自分は神様から程遠い人間だと思う想い、キリストや仏陀とはまるで違った人間だ、と思っている想いだけが、神様じゃないんです。

だから、その想いを持ったままで、世界平和の祈りの中、神様の中に入ってしまう。いつでも入ってしまう。そうすると、その想いがだんだんだんだん神様の光によって消されてゆくんです。消されて大神様の光と本心の光とがパッと合う。そういう時に本当に悟るんです。光ったという感じになるんです。

植芝先生もああいうふうになった時に、立っていると、天地和合して光り輝き、その光に自分は溶け入ってしまった、というわけです。そうしたら、宇宙一杯に拡がったでしょ。

私なども統一している時に、光り輝いちゃったんです。それでキリストや仏陀と握手したわけです。キリストはありありと光り輝いて出てきて、〝汝はキリストなり〟パーッと入ってきて一緒になっちゃうんです。そういう時は、肉体なんか全然ないです。

自分がキリストであることを、知っているか、知らないか。自分が神の子であることを知っているか、知らないかだけの違いが、ここ（地上界）の違いになってくるんですよ。そういうものなんですよ。

その極意を楽々と出来るのが「世界平和の祈り」なのです。だから捲《う》まず弛《たゆ》まず「自分はもうすでに神様の中に入っているものなんだ、神の子なんで、光り輝いているに違いないいんだ！」と思っちゃうんですね。

思って、自分の平安の心、光明の心を乱す想いをすべて消えてゆく姿にするんです。どんなに怒りの想いが出てこようと、どんな妬みが出てこようと、どんな恐怖が出てこようと、それはみんな消えてゆく姿。なんでもかんでも消えてゆく姿であって、あるものは神様と一つの光だけなんです。

神様はいくつにも分かれている。太陽の光線のように分かれている。その光線の一つ一つだからね。光線が独立しているわけではないでしょ。光線の上を見れば太陽でしょ。遡って太古の自分を見れば、太陽なんです、神様なんです。いつも中の自分というものを見ていれば、太陽になってしまう。神様になってしまうんです。

だからこそ、自分のいろんな業想念というものを、そのまま持って「神様！　神様！」と入ってゆくんですよ。全身の力で入っていったらいいです。声に出さなくたっていい。心の中でいつも「神様と自分は一つなんだ、自分は神様と一つなんだ、自分は五井先生と一つなんだ」と思えばいい。

五井先生が先にそうなったんだから。五井先生というのは、ここに見えているからね。だから一番楽だから「五井先生と一つなんだ、五井先生と一つなんだ」と思ったらいいです。「守護霊さん守護神さんと一つなんだ、神様と一つなんだ」というふうに、順ぐりに上げて思ったらいい。そう思うと、想いがいつも神様の中に入っているでしょ。それと同時に、世界平和の祈りをやればいいんです。そうすると、いつの間にか自分は平安になるんですよ。いいですか、これは大事なところですよ。

ふつうの場合は、どうしても自分の行ないを直さなきゃ、とやるんです。自分の間違った行ないを自分で直そうとするんです。業の世界にいたまま業を直そうとしても直りません。それは消すのではなく、右から左、左から右へ移し変えるだけだからです。

今日、我慢したって、明後日《あさって》は出ちゃうから、みんな経験があるでしょ。昨日は我慢できた、それは何気なく飲み込んじゃったんだ。だからその日は晴々としているんだけれど、明日《あした》、明後日、ちょっと何かポンとくると、我慢していたものがバッと出ちゃうんです。我慢していたから、だから我慢じゃないんですよ。なんでも中に押し込めてはいけないんです。

こわいことなど何もない

誰でも本来は平安な、自由自在な、平和な心を持っているのです。けれどいろんな環境で、業想念が平和の心、光り輝く本心を取り巻いてしまって、壁のようになってしまって、自分を平安にしておかないんです。安心立命させないんです。

恐れの想いが出てくる時、これはいけない、と押さえたらまた中に入ってしまうでしょ。それではぐるぐる、ぐるぐる回っているだけです。トコロ天のように押し出されて、ダッと出てくるんだから押さえてはダメなんです。

たとえば怒りの想いが出てきたら〝ああこれだな〟と思うんです。そして怒りながらでもいいから〝五井先生!〟と言うんですよ。〝コノヤロー、五井先生〟でもいい。そうやれば、止まってしまうのです。

恐怖が出たら出たらでいい。逃げようとしたら駄目ですよ。こわいと思いはじめたら、いくらでもこわいから。犬がワンと吠えるでしょ。逃げ出したら追いかけてくる。こわいと思ったらこわいという想いが追いかけてくる。そういう時は「神様!」と思いながら進めばいいんです。後ろにひかないで、前へ一歩進むんです。恐れのほうへ入ってゆくんです。恐れの原因のほうに突き進むんです。

自分一人ではこわいでしょ。だから「五井先生!　五井先生!」と進んでゆくんです。進んでいけば何もこわくなくなっちゃうんです。こわいと思い始めたらこわい。怒っちゃいけないと思い始めたら、よけい怒っちゃう。自分は駄目な人間だと思ったら、駄目な人間になってしまう。

そういう自分を否定するもの、人を否定するものはすべて、業想念だから、そのまま五井先生の中に飛び込むんですよ。そうするとこわいとか、怒りとか、駄目だというものがスーッと消えてゆくんです。業想念はすべて消えてゆく姿なんです。それを私は教えているのです。

今までの宗教と違うところは、そこなんです。これをやっていけば必ず救われます。これから三十年も五十年も生きる人もあれば、あと何年か知らないけれども生きる人もあるでしょう。そういう人でも、死ぬまで、死んでから先まで、一生懸命、世界平和の祈りをやってください。必ずいいところへ行けますから。

世界平和というのは、神様の世界なんだから、必ず行きます。五井先生！　と思えば、私は向こうにいるんだから、必ず行きます。手を出して、「ハイよく来ましたネ」と引き上げます。そこには仲間がたくさんいるんです。守護の神霊がたくさんいるんだから。「着きましたネ、待ってたよ。少し遅かったじゃない」なんていって（笑）上げてくれるんです。

最後の最後まで世界平和の祈りを祈っていれば、五井先生！　と思っていれば、必ず行くところへ行けるんです。だから死ぬことがこわくないでしょ。

死ぬことがこわくなくなると、嵐や地震も何もこわくないでしょ。死ぬ時は死にゃあいいんでしょ。金星の人たちが「死がない」と言うんでしょ。死がないということは、現在の肉体人間のように意識がなくなってしまって、死んでしまって、それで向こうの世界で目が覚めるんじゃないんです。意識のあるままで肉体を抜けていって、この皮を脱《ぬ》ぐだけですよ。〝ハイさようなら〟と脱いで、身が軽くなるだけですよ。だから死なんかない。旅行しにいくわけだから。一つずつ上がる。それが進化なんです。

向こうの進化というのは、肉体要素を一皮《ひとかわ》脱いでゆくだけなのです。また一つ上がると、また一皮脱ぐんです。そしてまた一皮脱ぐんですよ。蝉などが脱皮してゆくのと同じことです。天の神様のやっていることは、虫に至るまでみんな同じことをやっているんです。だから本当に地上の世界をハッキリ見ていれば、霊の世界がわかるんです。霊の世界がわかるということは金星の世界もわかるわけです。

金星というと、宇宙にあると思うでしょ。そうじゃない。自分の中にあるんです。自分のこの奥を探ると、みんな入っているんです。分霊も入っていれば、直霊も入っていれば、大神様もこの中に入っているんです。一貫して続いている。

この中に入っている。というのを空間的に見ると、天にある。だから金星の人が現われてくるのでも、向こうから現われてくるんだけれど、実はここ（胸の奥）から現われてくるのと同じなのです。

これは少し難しいな、難しいけれど、そういうことなんです。

みんな自分なんですよ。自分が一人なんです。皆さんここに坐っているでしょ、みんな自分の現われなんです。私がここに一人いると、みんな私なんです。Aさんという人がいると、みんなAさんなんです。これは秘訣の秘訣ですよ。みんな自分なんです。人間は一人しかいないんですね。

難しいことはいらないんですよ。

自分というものは神様と一つのものなんだ。それを業想念が取り巻いていて邪魔しているだけなんだ、ということです。

業想念の壁は大変厚いから、これを消えてゆく姿であると、消して消して消してゆくのは誰かと言うと、守護霊守護神さんは消すために来ているんだから、守護霊守護神さんが消してくれるんです。だから自分は、スーッと世界平和の祈りの中にいて、毎日毎日自分に与えられた仕事をしてさえすればいいんです。

世界平和の祈りを根底にして、仕事をしてさえいれば、いつの間にか神様になってしまうんです。こんな楽な宗教はないでしょ。それを説いているんです。

斎藤さんだって、村田(注10)さんだって、みんなものがわかるようになったでしょ。斎藤さんも村田さんも何にもわからなかった。それがみんなわかっちゃった。自然にわかったんです。何故かというと、業がなくなってゆくからです。業がだんだん減ってゆくんだもの、ちっとも増さないんだもの。

怒りの思いが出りゃ「それは消えてゆく姿」、妬みが出りゃ「消えてゆく姿」相手が不合理で、こっちが合理で、こっちが良くて向こうが悪いんでも、消えてゆく姿をやっているんです。そうすると消えてゆくでしょ。だんだん本心の光が外へ出てきます。業を積まないんだから。「ああ消えてゆく姿だ、神様有難う、世界人類が平和でありますように」とやっているんでしょ。光がだんだん出てきて、本心がだんだん拡がってゆく、拡がってゆくから、外から働いている神様と、内から働いている神様が一つになるわけです。

空間的に見れば、外から働いている神様、内から働いている神様とあるんですよ。それが一つになるんです。内在している神と外から働きかけている神とが一つになるわけです。そうすればその人は神人、霊人とも神人ともいう。そういうことになるんですよ。

みんな一つのいのち

私の今日の話は「人間はみんな神の子なんだ」ということです。自分は五井先生とも同じなら、金星の長老とも同じなんです。ただ同じ者なのに、邪魔する想いがある。それは何かというと、自分の心を乱す業想念に摑まっているだけ、ということなのです。

摑まっているものを「放せ」といっても放せやしない。摑まっているんだから。構わず摑まったままで、ブランコに乗って縄に摑まったままで、ヒューッと神様の中へ飛んじゃうんです。それが世界平和の祈りです。そうすると自然と、縄は離れていってしまう。神様の中へ全部入っちゃうんです。想いを込めて入るというわけです。

それと人間の心で、いつも平安なのが真実の心ということ。自分がどんなに良いことをして、向こうが恨んできても、恨んだ奴を憎んじゃいけません。それは消えてゆく姿。自分のも消えてゆく姿。お互いが前生の因縁で消えてゆく姿なのです。

だから悪いことをしながら金持ちになった人を「あの野郎、悪いことをしながら金持ちだ」といって、恨む必要はない。自分はいいことをしながら貧乏であっても、悲観する必要もない。みんな過去世の因縁がお互いに消えてゆく姿なんですね。だから偉いも偉くないもありゃしない。みんな平等、みんな一つのいのちです。

という話で終わりにしましょう。

（注1）（注2）（注3）（注4）（注6）それぞれの解説については、巻末の参考資料参照。

（注5）斎藤秀雄氏。一九三三年より四七年まで、満州大連に渡る。種々さまざまな職業を経て、一九五三年、五井先生につながり、"祈りによる世界平和運動"に挺身、東奔西走した。白光真宏会事務局長、副理事長を歴任。一九八四年逝去。『霊験巡講記』『光のドーナツ（童話集）』などの著書がある。

（注7）この祈りをするところに必ず救世の大光明が輝き、自分が救われるとともに、世界人類の光明化、大調和に絶大なる働きをなします。巻末参照。

（注8）高橋英雄氏。一九三二年、東京に生まれる。高校生の時、肺結核発病。それが機縁で五井先生に帰依、一九五四年白光誌創刊。以来、白光真宏会の編集出版に従事、編集長、出版局長、副理事長を歴任し、一九九九年退任。『如是我聞』『師に倣う』『新・師に倣う』『生命讃歌』などの著書がある。

（注9）白光真宏会の月刊機関誌『白光』のこと。

（注10）村田正雄氏。一九〇六年、滋賀県に生まれる。（株）コロナ電機工業元社長。白光真宏会元副理事長。著者の提唱した祈りによる世界平和運動に挺身し、多くの悩める人々を救った。一九九四年逝去。『私の霊界通信』（全五巻）『空飛ぶ円盤と超科学』『宇宙人と地球の未来』『霊界に行った子供達』などの著書がある。

神様にまかせきる

（昭和34年1月）

神様にいのちを投げ出す

〈講話の前に、Hさんの信仰体験談があった。

Hさんはご主人に早く死なれてしまった。子どもも小さかったが、実家に泣きつくわけにもいかないというところがあって、自分のところにあったお金の利息でもって、食べてゆこうとした。

そこに儲け話をもって来た者がいた。詐欺師だった。持っていたお金を全部持っていかれてしまった。〃Hさんも騙される因縁を持っていたのであろう。神様がその因縁を出さしてしまって、お金をなくさしたけれど、なくしたお金よりもずっと尊いものを、神様はHさんの身につけさせた〃……というようなお話から、講話が始まっている〉

私がHさんの息子さんに初めて会った時、お母さんには運命がなかった。だめだと思ったの私は。だけど、運命がないなんて言えませんから、とにかく会えばなんとかなると思った。それでHさんに会った。

Hさんは素直についてきたわけです。その頃は、今のように消えてゆく姿、というのも教えていませんでしたし、世界平和の祈りも教えていない。ただ黙って浄めて、運命を開いてゆくような方法をとっていました。

約十年前というのは、まだ教義(注11)も出来ていなかったし、相談を受けて、ああしなさい、こうしなさいと教えて、後は黙って祈って導いていた頃なんです。ただただ五井先生に縋《すが》っていりゃいい、という形だった。といって、縋りきってもいない、自分の都合次第という形で、肉体のはしっこにぶらさがっている恰好だった。神様につながる、というものではなかった。

時期を私は見ていたわけなんです。

ところがだんだん教えがはっきりしてきて、教えがいい、というんで入ってきた人がいる。そういう人たちは教えから入っていますから、すっかり信が出来ています。その人たちに古い十年組の人たちが、ハッパをかけられて、本物になってきた。その人たちには前からのつながりがありますから、もう堅固たる信心になってくるわけなんです。

十年組でも、まだふらふらしている人たちが、いるかいないかわからないけれど、そういう人たちがもしいたら、白光の教義というものを読んで、教えをハッキリと把握しないといけません。

ただ肉体の五井先生なんてのに摑まって、ふらふらしてたってだめなのです。この私の肉体は天につながる一つの柱ですから、ここ（ご自分をさして）から天までつながらなきゃだめですよ。

肉体は器なんですから、これだけにつながったってダメですよ、いいですか。念のために申し上げておきますけど、それを間違えちゃいけませんよ。

人間の肉体というのは、神様につなぐ器としてあるんです。器はなくては困る重大なるものですけれど、器は器なんです。だけど神様につなげるものですから、つながって直霊の五井先生、自分たちの仏様の中へ入ってしまわなければいけないのです。

そういうことを私が教えているのです。Hさんはそれがわかったから、不退転《ふたいてん》になって、どこに何があっても驚かないようになってきた。そうすると生活も安定してくる。子どもさんたちも立派になってくる。というようにすべてによくなってきたんです。

信仰は迷信ではいけない。堅固たる本当の信心にならなきゃいけない。それにはどうしたらいいかというと、肉体につながりながら、しかも神様を自分で把握《はあく》しなければならない。

その神様はどこにいるか。天にいます。天というのはどこかというと、自分の中なんです。

天にまします我らの神よ、というと、なんだか高いところで、自分たちとは関係ないように思います。ところが天というのは、人間の心の中なんです。

時間空間というのは、神様の世界にはないのです。この現われの世界、形ある世界だけに形があるから、時間があるし空間がある。形があれば、私がここに居て、あなた方がそこに居る――離れて見えますね。ところが、霊の世界、いのちの世界、神様の世界というのは形がないのです。形がないということは、ひびきだけなのです。現わせば現わせる。

ひびきというのは、つながっているのです。私がここに居て、あなた方がそこに居ることも、別々に離れているわけじゃない。

ということが、先に肉体に住んでいた五井先生が、霊がわかったのです。わかったということはどういうことかというと、本体の中、仏様の中に入ってしまった、ということです。

サア、私が仏様の世界、大神様の世界を先に見てきましたよ、見てきたから、どうぞ私の肉体を土台にして、みなさんもこれを梯子《はしご》にして、柱にして昇ってくださいよ、という形で教えが始まったわけなんです。

私自身がさんざん経験をして、自分でしっかり自信がつくまでは、教えを説かなかったわけなんですよ。神様が説かせなかったわけね。自信がついて、サアもう大丈夫だ、もう絶対にみんなを地獄に落とすことはない、サア私についていらっしゃい、私の教えに従いなさい、という形で、この教えが始まったのです。

お金を持った家に生まれることも、貧乏人のところに生まれることも、みな同じことなんです。

お金持ちに生まれたほうがいいような気がする人もあれば、貧乏人に生まれたからこそ、私は苦労してこれだけになった、立派になったんだ、と喜ぶ人もある。

どっちに生まれようと、経験が違うだけであって、前生でやらなかった経験を今生でやって、足し増しして立派になってゆくわけです。

この世というのは芝居のようなものです。いのちが何の誰兵衛、何の誰子というように生まれてきて、一芝居して、侍の演技《えんぎ》をして、また生まれ変わってきて一芝居し、こんどは二役やるとか、坊さんの役をやるとか、いろいろな役の演技をしながら、いのちの劇をやっていって、だんだんいのちが磨かれてゆくわけです。最後には地上天国という大芝居を、みんな揃ってやるのです。その地上天国という大芝居が今始まっているんです。

私に会っている人たちは大体、過去世においていろんな経験をしているんです。経験、体験をしているからすぐわかるんです。体験をしていない人には、私の教えは易しいけれど、相当高いですから、相当天辺《てっぺん》のことを話しているから、なかなかわかりにくい。

なんとなくわかる、わかってくるということは、前生の体験がものをいってわかるんです。

斎藤秀雄さんがいる。斎藤さんは私に会ってから五、六年ぐらいのものです。ところが前の世でも会っているし、修業しているし、いろいろな体験がある。それが今生で私に会って、画龍点睛《がりょうてんせい》というように、目を入れられた。それでわかるのです。頓悟《とんご》というのでしょうか。

パッとわかるということも、その時にわかったんじゃなくて、それだけのものを過去世から積んでいる。それだけの修業してあるものが、目を入れられるんでわかってくるわけです。

だからここに来て、パッとわかる人もあるし、なんだかわからないけれど、来ると気持ちがいいから来るんだとか、あの人の義理で来ているという人もあるかもしれない。いろいろあるわけですが、だんだん次第にわかってゆく人と、パッとわかる人と両方あるんです。それは魂の素質が違うわけですね。

斎藤さんの場合はパッとわかったけれど、Hさんの場合などは、だんだん知らないうちに業が浄まっていって、わかったわけです。

それに関連して、言っておきたいことは、霊的に見えたり聞こえたり、観世音菩薩が見えたり、守護神が見えたりすることがありますね。見える人と見えない人がいます。見えるほうが偉くて、見えないほうが偉くないのか、というと、そんなことはない。

何も見えなくても、行ないがいつも正しく、愛に満ちていて、人のためを思って行動している。しかも、自分をいじめないで、人をいじめないで生きている人があります。そういう人は立派な人です。

と言って、霊が見えたりするのはいけないか、というと、見えるのも非常にためになります。

ただ自分の欲望があって、自分を見せたい、自分の力を見せたい、人に誇りたい、そういう想いがあって、霊などが見えたりするのは、私はいけないと思うんですよ。

何故いけないか、というと、見えたことを誇り、目標になってしまうと、お前たちより偉いんだ、一段上だ、って威張るようになってくる。すると、業想念のいい餌食になってしまう。だからそれはいけない。

私がいつも教えていることは、見えるとか見えないとか、聞こえるとか聞こえないとかいうのではなくて、心がいつも神様の中に住んでいて、何が現われてきても、ああこれは消えてゆく姿なんだ、とそれに把われないようになることです。

どんな不安の想いが現われても、どんな恐怖の想いが現われても、どんな想いが現われても、どんな不幸のようなもの、災難が現われても、それはそのまま消えてゆくんだ、と把われない——そういうふうになってくるのがいい。把われない心を持った人が、一番偉いんです。

無礙《むげ》なる人、無礙光如来《こうにょらい》といいますね、一番素晴らしい。無礙自在といいますね、さわりがない自由自在な心になることが一番です。

何かこわいことがあると逃げちゃう。何か自分に負担がかかりそうな、自分が損するようなことがあったら逃げてしまうようでは、何か見えたって聞こえたって駄目です。

宗教の極意というのは、いつでも心が平《たい》らであることです。何故平らかになるのが一番いいかというと、いつも言うけれど、神様というのは唯一絶対でしょう。一つの力、一つの生命《いのち》です。それがいろいろに分かれて、ここに来ている。

元を正せば自分は神様の中にいるんです。神様仏様の中に、自分は初めから住んでいるのです。それがわかるために修業しているわけです。いろんな修業をさせられるんです。何べんも何べんも生まれ変わって、混合霊《こんごうれい》になったり、一つの魂が二つにも三つにも分かれてみたり、いろいろなことをしてわかってくるわけです。

それを神道ではアイウエオといって、五十音図っていうのね、ひびきがありますね、アのひびきの神様、イのひびきの神様、ウのひびきの神様という、神様の働きがある。その働きのどれかの系列に皆、属しているわけです。みんなそういうひびきなんですよ。光の色、光の波の中に必ず自分はあるわけなんです。

宇宙に星がたくさんありますね、自分はその星の一つなんだ。必ず自分はその星の中にいるんです。だからお母さんが亡くなった時、どこへ行ったんだろう? あの星の中、お母さんはあの星になっちゃった、という童話がありますね。あれは本当の話なんです。

星になってしまう、ということはどういうことかというと、光になるということです。自分は星のように光り輝いているのです。太陽のような光を、誰も彼も持っている。それで生きているのです。ただそれがわからないだけです。

何故わからないかというと、肉体という形が出来てしまって、肉体の中から見ているからです。だから肉体だけしか見えない。

肉体の生活が不安になれば、心が怯《おび》えてしまう。肉体の生活が侵《おか》されるようになると、防備しようと思って懸命になる。そういう形でしょう。ところが肉体の生活は誰がやっているかというと、自分自身の想いがやっているのではなく、本当は、神様の光が肉体を創って、それで働かしているのです。修業させているわけなのです。だから、こちらの肉体のほうの想いが、神様の光の中に入ってしまえば、想いを神様の中に入れてしまえば、神様がそのまま動いて、その人は何があっても平和でいかれるのです。

私に会っている。お浄めしていると、私の中にある、平和なる光、神様の光が相手に流れてゆきます。流れてゆくと、神様と自分とは別々なものだ、自分は肉体だ、と思っている想いがだんだん消されてゆくのです。

消されてゆくと、自分の想いがだんだん神様の中に入ってゆくわけです。それに従って不安がなくなってくる。

Hさんじゃないけれど、詐欺にひっかかって、お金を持っていかれてしまった。どうやって食べてゆこうか、実家に泣きつけば食べられるに決まっているけれど、実家に泣きつくのは恥ずかしいし、どうしようもない、死んでしまったほうがましじゃないか、というような想いの人が、私に一遍会っただけで、なんだかスーッとしちゃって、心配がなくなっちゃった。

私は何を言ったかというと「大丈夫、老後は大丈夫だ」と一言だけです。その一言の言葉の中に入っている光が、彼女に入って、死にたいという業想念を消しちゃったのです。なんだか心が楽になって、死ぬ気なんかすっ飛んで、安楽になっていったわけでしょう。

それはどういうことかと言うと、自分は神様に生かされているんだ、ということがわかったわけなんです。意識して頭の中でわかったのではないけれど、本体の心のほうが、神様に生かされているんだなぁ、とわかってそれで安心したのです。

そういう人が随分あるんですよ。

教えがどうだかわからない。世界平和の祈りもわからない。守護霊守護神というけどわからない。しかし五井先生に会ったら、なんだか安心してきた、心が和やかになってきた、柔かい心になってきた、不安がなくなってきた、というのはどういうことかと言うと、神様と人間の本心、外に働いている神様（仮の言葉ですよ）と中に働いている本心とを、区切っているもの、つまり業想念というものが消えてきたわけです。それで外の神様と中の本心とがつながった、という時に、安心してくるのです。それが一番大事なのです。

お金が儲かるのもいいでしょう。商売繁盛も、病気が治ることもいいでしょう。それは結構なことです。しかしそれにも増して大事なことは、自分が神様から来ている者であって、神様の力がなければ、自分は生きてゆける者ではないんだ。自分が死のうと思ったって、生きようと思ったって、神様が生かしてくださっているんだから、神様に全部まかせることによって、この自分の人生が完全に開いてゆくんだ、ということがわかることです。

ただ頭でわかってもだめです。心の中でハッキリわからなきゃだめですね、わからせるように、統一会もやっているわけです。

それでわかった人は安心してくる。わかった度合によって、安心立命してゆく。わかったうえで、今度は霊界のことが見えてきたりするのは、いいでしょう。

どうしていいかというと、信心がよけい強くなるし、人にそういう話をすると、人がああそうか、肉体ばかりだと思っていたら、そういう菩薩様の世界もあるのか、とわかりますね。その人はわかっただけ信仰が深くなります。

だけれども、一番の根本は神様にまかせきってしまう。自分のいのち、自分の運命をすべて神様にまかせきってしまう。それで不安があったら、災害があった場合には、ああ過去世の因縁が消えていって、私の魂がそれだけきれいになったんだな、自分の運命がそれだけ開いたんだな、いのちがそれだけ輝き出したんだな、というように思える信仰になることです。

そこで消えてゆく姿という言葉が、とてもよくひびくわけです。

「消えてゆく姿なんだな」なんでもないでしょう。しかし、今まで「消えてゆく姿」というのを、ハッキリとこのように使った人はいないのです。そういうようなことを言った人はあるんですが、消えてゆく姿を看板にして、一番天辺に、消えてゆく姿の教えを現わしている宗教は、他にありません。消えてゆく姿というのは、空《くう》という言葉の別名なんですよね。

大体の宗教というものは、我欲があるからいけないんだ。恐怖や短気や妬みの想いがあるから、お前の運命は開かないんだ。夫を拝まないから、妻を拝まないから、すべてを拝まないからダメなんだ――というように教えますね。

そう言われると、どうしていいかわからなくなっちゃうのですよ。自分は一生懸命にやっているつもりなんだけれども、どうしてもうまくゆかない。自分では短気なんか起こすまいと思っている。誰も妬みたくもないし、怒りたくもない、だけど、妬んだり怒ってしまうのでしょう。

その道の信仰が深くなればなるほど、どうしていいかわからなくて、自分をいじめ、自分はなんて駄目な人間なんだろう、と思っている。十年も二十年もやっているのに、どうして私はこの不安になるクセが直らないんだろう、怒りの心がおさまらないんだろう、どうしてこう焦るんだろう、と自分をとがめいじめてしまう。自分をいじめる手助けをしているのが、今までの宗教家、宗教指導者なんですよ。

ほとんどお前の心が悪い、と言う。お前の心が悪い、ということは、自分を責めることなんです。

毎回言っているように、神様は完全円満で、絶対権能をもった、絶対能力を持った、絶対智のものです。それが、悪いものを創るわけがない。この世に悪いものを創るわけがない。完全なるものを創るに決まっているんです。

ただ完全性が未だ現われていない。この地球界に、地上界肉体界に、まだ完全性が現われていない。過程なんです。プロセスなんです。まだ出来上がっていないわけですよ。

地球界は今、トンネルを掘っている最中でして、暗いじゃないか、こんな暗いとこって言ったって、掘っている最中だから仕方がない。最中だから泥もかぶさってくる。真暗《まっくら》だ、こんな悪いところはない、と言ったってしょうがない。掘り上がってしまえば、サアーと光が入ってきて、貫通するでしょう。それをみんな掘り上がらないのに騒いでいる。

自分が完全にまだならない時には、完全な姿は現われるわけがない。肉体の人間が完全であるわけがない。肉体の人間は不完全ですよ。動物性というものを具《そな》えていますからね、しかし動物性を持っていなければ、肉体人間というのは出来上がらない、そこに難しいところがあるのですよ。

肉体の人間に、神様の力がそのまま現われてきて、そのまま動けるようになると、自分も侵さず、人も侵さず、他国も侵さず、自国も侵されない、という地上天国が現われるんです。それはこれからなのであって、今、現わそうとしている。

現わすためにどういうことが必要か、というと、まず、肉体は神様から来ているんだ、神様のいのちが自分の中に働いているんだ、神様のいのちがすべてを支配しているんだ、と思うこと。

自分がこうやって生きているように思うけれども、自分が一歩一歩、歩く歩みでさえも、神様がやっている。

自分が考える。考える力の原動力は神様なのだ。心臓を動かしているのも、肺臓を動かしているのも、なにもかも、神様の御力がやっているんだ。

ということを思わなければいけません。それを想いつづけるんですよ。そうすると、知らないうちに自分の想いが、神様の中に入ってゆく。だからいつも私が言っているように、神様の中に入ってゆくのです。

私が悟った時は、やっぱり神様にすべて投げ出したでしょう。

神様は自分の中に生きているんだ、自分は神様と一つだ、神と一つだ、神と一つだ。こういうように思っていたのです。いつもいつも想っていた。この中に鳴りひびいていたのです。

中に鳴りひびいている想いが、神様の中に全部入りきっちゃった。そうすると、神様のほうから神催《かみもよお》しに行動が出てくるようになった。

ふつうは、神様にまかせると言ったって、俺が考えなきゃ、頭で考えなきゃ動きがとれないじゃないか、と思うし、そういうことを言う。それは委ねきったことのない人が言うんです。

神様に全託しきってしまうと、神様のほうから力が自然に出てくる。自然に体が動く、ふっと行きたくなる。何かスースーといく。自然に自分に一番都合のいいものが入ってくる。

その場では都合が悪いかもしれないが、結論として、すべて自分にためになるものが入ってくる。そういう道を歩かされてゆくのです。

それを自由無礙、自由自在な動き、自然法爾《じねんほうに》といいます。自然に法の通りに動いてゆく。自然法爾の動き方というのは、神様にすべてを投げ出した時に現われてくるのです。神様の力と肉体人間の力とが一つになった時が、自分の完成なのです。それが全人類に出てくると、人類の完成なのです。

仏を出す

今は、その完成の途上です。完成途上で一番易しく、一番よい道は何かというと、いっぺん肉体人間というものを否定することです。

肉体の人間は、長い長い間、人間は肉体だと思っています。肉体以外には人間などいない、と思っています。今の学校ではみなそう教わっています。唯物論です。肉体のほかに人間なんてあるもんじゃない。霊魂なんてあるもんか、そんなバカなこと、と言うでしょう。今の青年たちはみんなそうですよ。

霊魂がいる、死んだ世界がある、というと、いやそんなバカな迷信なんて……とこう言います。なんでも迷信だと思っている。そう言いながら、みんな確かめたことはないのですね。ところが私たちの体験からすれば、霊魂があるなんて当たり前。死んだ後、いのちが生きていること、霊が生き生きと生きていることなんか当たり前の当たり前。年中、会って見ているんだからね。

私なんか朝から晩まで、夜中まで、二十四時間プラスアルファ、霊界にいるんだから霊魂があるなんて当たり前。神界があるなんていうことも当たり前。幽界という迷った者のいる世界があるのも当たり前なんですね。

そのある、ということは、現われている、という意味で、あるといっているのですよ。本当は実在というものは、神様だけしかない。神様だけでは働けないから、直霊——分霊として人間の中に入ってきて、本心となって働いている。それから外には守護霊守護神となって働いている。中のものを本心というし、仏《ほとけ》ともいう。外で働いている形を守護神守護霊というのです。

そういう神様の働きを、わかったようなことを言う人たちは、神様は絶対一つだから、一つの神様でいい。中の神様だけでいい、というふうに教えている。そのほうが知識的で知性的でいい。いかにも立派に見えるんです。

じゃあ内なる神様を出してごらんなさい。どうやって出すのか？

内なる神様というのは本心というのです。本心を出すのはどうしたらよいか？

みんな誰も彼も神様が中に入っているんです。みんな神様の光がここに入っていて、神様そのものなんですね。神様そのものだけれど、神様そのものの本心が、この世の中に光り出ていないんです。

お釈迦様は悉皆成仏《しっかいじょうぶつ》と言った。すべてのものは仏性《ぶっしょう》を持っている。神様の性質を持っているけれど、それが全部現われていない。

現わさないのは何かというと、自分個人の肉体を守ろうとする想いなんです。それが本心の光、神様の光を覆ってしまう。自分だけを守ろうとするのだからね。自分につながる子どもたちを守ろうとする。親類縁者を守ろうとする。自分を侵そうとしてくるものに対しては、敵対心を持つ、敵対行為をとるわけです。それが大きくなると、国と国とになる。自分の国を守ろうとする。自分の国の利害関係があるから、自国を害する国はやっつけよう、ということになって、それが戦争になる。

そういうことが、何べんも何べんも繰り返されている。それをいつまでも繰り返していたならば、いつまでたっても神様は現われてこないですよ。業想念の渦の中で、神様は窒息しちゃいますよね。窒息しそうな神様を出させるために、どうしたらいいかと言うと、仏教では「空《くう》になれ、空になれ」と言うのです。座禅観法《ざぜんかんぼう》して、只管打坐《しかんだざ》して、坐ったような気持ちでもって、仕事をしながら、自分の中の仏を見つめていなさい、と言うんです。

どうやって見つめますか？　見つめているそばから、業想念が出てきますよね。欲望が出てくる、自分を守ろうとするものが出てくる。利害関係で対すれば嘘もつきたくなる。憎む想いも出てくる。そうした場合、憎む想いと神であり私である心とのバランスがとれなくて、これが争います。

昔からよく言いますね、人間には善なる心と悪なる心とがあって、善悪がいつも心の中で戦っているんだと。皆さんも聞いたことがあるでしょ。

人間は果たして性《せい》が善なのか、悪なのか、というんですね。善なる心と悪なる心がいつも戦っている。神とサタンがいつも心の中で戦っている。それが人間なんだと、こういうのですね。今までの教え方はみんなそうでしょう。

ところが私はそうじゃない。人間は完全なる善なんだ。完全なる善が中にある。悪のように見えるもの、正しい心を塞ぎ、邪魔しているものは何かというと、それは過去世からの誤《あやま》った想いが、消えてゆく姿として現われている、消えてゆくんだ、というんです。

わかりますか、消えてゆくんだというのと、悪があるというのは違うんですよ。人間っていうものは悪があって、どうにもならないんだ、人間なんてダメなんだ、というのは肉体の人間なんです。人間は肉体だと思っている、肉体だけが人間だ、と思っているうちは、いつまでたっても世の中はよくならないです。

肉体というものにまつわる業想念というものは、いつか消えてなくなっちゃうんです。いつかなくなってしまう消えてゆく姿なんだ。

いかなる想いが現われても消えてゆく姿。
いかなる不幸が現われても消えてゆく姿。
どんな災難が現われても消えてゆく姿。
災難が多ければ多いほど、よけいに消えてゆく。小さいなら小さいなりに消えてゆく。みんな消えてゆく姿。消えてしまうと、本当の神様の姿がそのまま現われてくるんです。

消してくれる者は誰かというと、守護霊守護神なのです。守護霊守護神に消してもらっているうちに、知らない間に、本心が出てきて、中の仏《ほとけ》が出てくる。そうすると何ものも恐れなくなってくる。

自分に都合の悪いことも、それもいいでしょう。雨が降った、それもいいでしょう。風が吹いた、それもいいでしょう、というようになっちゃうのです。すべてが消えてゆく姿になってくる。そうすると消えてゆくんですよ。

たとえば太陽が輝いている。雲がかかると暗くなりますね、暗くなった時、この雲を摑んで、ああわしは暗くなった暗くなったといって、太陽を摑めたためしはありませんでしょ。

暗くなった暗くなったって、雲を摑んでいるうちは、雲を摑むような話で（笑）だから雲を摑んではいけない。これね、くも（苦も）なく離しちゃうんです（笑）。そうすると光が出てくる。雲はスーッと通りすぎるだけなんです。

私の「本心」(注12)という詩がありますね。

みんな通りすぎてゆくだけなんだ、と言っています。

いかなる悲しみも、いかなる苦しみも、その時は苦しい、悲しいけど、じっと我慢していると、そのまま通りすぎていって、後から思い出すと、悲しみが悲しみでなくなる場合が多いです。ああよく自分は堪《た》えられたな、自分はよかったな、と後で思うとそういうことが随分多いです。

戦争中のあの災害を想い、あの苦しさを想うと、よく堪《た》えてきたと思うでしょう。あの苦しみは今思い出して、苦しくはない。なんだか、楽しいような気がしちゃう。

よく我慢できた、それにひきかえ、ああ今はいいなぁ、と思うでしょ。それと同じこと。

どんな黒い雲でも、太陽を隠すことは出来ない。太陽の前を通りすぎてゆくだけです。自分が摑みさえしなければいい。消えてゆく姿なんだ――と見ている。そう見られる自信はどこから出てくるか、というと、

「自分は神様から来ている者なんだ。自分の本心は神様から来ているものなんだ。自分は神の子なんだ。しかも守護霊守護神がいつも守ってくれて、本心と守護霊守護神が一つになって、神様として守ってくれている」と想い、どんな不幸が来ても、それは瞬時のことであって、しばらくの辛抱なのだ、と思っていると、消えてゆく姿がどんどんどんどん出てくる。どんな状態であろうとかまわず出て、消えてゆくのです。

それがわかってくると、なんにもこわくなくなるんです。だから消えてゆく姿なんだ、という教えは大事です。

上根《じょうこん》の菩薩のような人ならば、はじめからこのまま空《くう》なんだ、すべて現われてくるものはみんな空なんだ、あるものは仏の姿だけだ、とそう思う。はじめから思える人はいいですよ、ところがなかなかはじめから思える人はいない。だから空《くう》というのは難しいですね。しかし消えてゆく姿、消えてゆく姿とやっているうちに、空《くう》と同じ境地になるんです。

お坊さんが三十年だ、五十年だとさんざん坐って、やっとなんにも把われなくなった、ああそうじゃよ、と言っていられる静かな境地に、消えてゆく姿をやっていると、五、六年でなっちゃうんです。

何故なっちゃうかというと、消えてゆく姿だものね、摑ませない。みんないいように神様がしてくださる、となる。

その神様はどこにあるかというと、外にもあるし、中にもある。外には守護霊守護神としてあるし、中には本心、仏としてあるんだ。だからどんなことが来ても、なんでもない。それが宗教の極意なんですよ。

本当の宗教というのは、神とか仏とかをパッと摑ませるのです。宗教というのは元《もと》の教えなんだから。パッと摑む。直感なんですね。

でも直感と言っても、直感の錬磨されていない人が随分あります。そこでやっぱり消えてゆく姿と言うんです。

禅宗というのは、見性《けんしょう》といいまして、自分の本当の姿を見させようとして、座禅させるわけです。自分の本心を摑ませようとしている。坐禅していると、心が空《くう》になって、色即是空《しきそくぜくう》、空即是色《くうそくぜしき》といって、空の中から本当のものが出てくる。仏が出てくる。それが自分の姿なんだ、ということをわからせるために、坐らせる。

昔のお坊さんは入門する人でも、大変な苦労をして入門し、それで空になるために大変な苦労をして、何十年やってもなかなか空になれない。本当に空になった人は少ないですね。

日常生活をしながら、空の境地になることはとても難しい。日常生活をしながら、空だ空だって言ったら、食うに食えなくなっちゃうからね（笑）。

そこで、たくあんを刻みながら、人と話をしながら、日常茶飯事の当たり前の生活の中で、いつの間にか心が転換してゆく道を開いた。

神を信じる力

今のHさんと十年前のHさんとは大分違います。まだまだ立派になります。みんなまるで変わってくるんです。それが何十年なんていう時間ではなく、僅かの時間です。

何が彼女をそうさせたのか。それはおまかせなんです。神への全託なのです。神様というのは目に見えない、守護霊守護神さんも目に見えないから、五井先生にまかせたわけです。五井先生がそれを引き受けた。引き受けた、と肉体の言葉で言うけれど、実は肉体の言葉ではなく、中に働いている、神の言葉として「引き受けた」というわけなのです。

引き受けてもらったからには、安心ですよね。安心してまかせられる。まかせたから、死ななきゃすまないんじゃないか。食べるか食べられないかわからないじゃないか、おれは駄目なんじゃないか、という想いがみんな、神様の中に入って、どんどん消えてゆくでしょう。そうすると、斎藤秀雄という肉体に現われている本心が、光り輝いてきて、昔の斎藤さんとまるっきり違ってくる。まるっきり違った一番の標本です。

編集の高橋英雄くんがいますね。あの子なんか死ぬ一歩手前でね、先生にいっぺん会いたいということになって、私が家へ行って、親たちに引導《いんどう》をわたして、執着の想いを取っちゃった。

両親の執着がパッと取れた。高橋くんの想いは先生一筋になった。そうすると喉に何も通らず、食べられない、今日死ぬか明日死ぬかというところで、私がお見舞いに持っていったカステラを食べた途端、生き返っちゃったわけです。

明日死ぬか、明後日死ぬかという人が、短かい期間で出てきて、また編集の仕事を始めた、ということになるんですね。病んでいる想いがなくなったんです。死ぬという想いも何もない。

表面では死ぬと思わないかもしれないけど、中ではもう駄目じゃないか、という潜在意識があるわけです。そういう想いも、親たちのもう駄目じゃないか、という心配の想いも、全部いっぺん切られちゃった。それで五井先生を通して、神様の中へスーッと想いが入った。想いが全部入ると、神様の光がまるきり入ってくるんです。それでよくなった。

船橋市のYさんという娘さんは、いくら注射を打っても駄目で、脈が途絶えてしまう、もう駄目だ、という状態になった。

けれどYさんは「五井先生が守ってくれているんだ。死ぬ生きるはどうでもいい。死んだら死んだでいい、生きたら生きたでいいんだ。それはみんな神様が五井先生を通して、うまくやってくださるに違いない」ということを思っていて、ただ五井先生！　世界人類が平和でありますように、と心の中で祈っていた。

そうすると、パァーッと五井先生が現われた。「Yちゃん、大丈夫だ、生きるよ」

と言ったわけです。そしたらYさん、パッと起き上がって「みんな何してんの、早く湿布してください」と脈がなくなっている人が、起き上がって、介抱の仕方を教えた。お父さんはお医者さん、自分は薬剤師なのです。

息が絶えても、目の前が真暗《まっくら》になって、心臓が止まり、脈がなくなった時までも、五井先生は必ず自分を幸福にしてくれるのに決まっている、というのは信の力ですよ。

神様は必ず自分を幸福にしてくれるに決まっている、生き死には構わない、おまかせしよう、という時には、神様はこの人を生かしたほうがいい、と思ったのですね。それで起こしたのでしょう。それで治っちゃったのでしょう。死の床から甦るというのは、奇蹟ですね。

それは信念の力、信ずる力です。想いの力、思念の力ではありません。

信ずることと、想うこととは違うんです。信ずるということは、全部まかせたことなのです。思うということは、まかせているということじゃない。まかせたら思わない。

神様にまかせてしまうのが信です。信じきったらばパッと治る。

一番大事なことは信仰なんです。ああなんて信仰の篤い女性であろうか、男性であろうか。

何を信じたかと言うと、自分の完全性を信じたわけですよ。自分は完全なるものから来ているんだ、ということを信じたのです。

頭の中で具体的には思わないけれど「ああ自分は神様の中にいるんだ。神様がいいようにしてくださるんだ。神様が自分の親であり、自分の本心だから必ずいいようにしてくださる」ということが、心の中にあるわけです。それで神様の中へ全部投げ出してしまった。自分を信じたわけね。

神様を信じるということは、自分を信じることなのです。そこで仏教の達磨《ダルマ》ではないけれど、見性しろ、自分を見つめよ、と言った。ソクラテスが言えば「汝自身を知れ」ということです。一番大事なことは、汝自身を知ることだ、自分自身がわ

郵便はがき

恐縮ですが切手を貼ってお出し下さい。

4 1 8 - 0 1 0 2

静岡県富士宮市
人穴八一二―一

白光真宏会出版本部
愛読者カード係

出版物等のご案内をお送りいたしますのでご記入下さい。

ご氏名《ふりがな》	年齢　　才	男・女
〒 ご住所 Eメール：		
ご職業	ご購読の新聞名	
お買い求めの書店名	以前に愛読者カードを送られたことがありますか。 ある（　　年　　月頃）：初めて	

愛読者カード

■ご購読ありがとうございました。今後の刊行の参考にさせていただきたいと思いますので、ご感想などをお聞かせ下さい。

＊お手数ですが、書名をお書き下さい。

下記ご希望の項目に○印をつけて下さい。送呈いたします。

1. 月刊誌「白光」 2. 図書目録

本書をお知りになったのは	1. 書店で見て 2. 知人の紹介 3. 小社目録 4. 新聞の広告(紙名) 5. 雑誌の広告(誌名) 6. 書評を読んで( ) 7. その他
お買い求めになった動機	1. テーマにひかれて 2. タイトルにひかれて 3. 内容を読んで 4. 帯の文章で 5. 著者を知っている 6. その他
月刊誌「白光」を	毎月読んでいる 読んでいない

白光出版をご存知でしたか。初めて：知っていた：よく買う
☆以前読んだことのある白光出版の本( )

ご協力ありがとうございました。

からなくて、なんで人がわかるか、というわけですね。

自分自身は何かというと、神の子なんです。神そのもの、仏なのです。だから仏の中に飛び込んじゃえばいいんですよ。自分の本当の姿の中に飛び込むと、生きるも死ぬるも、どうすることもみんな神様のみ心なんだ、仏様のみ心なんだ、と仏様神様の中に入ってしまった。

仏様神様は目に見えないから、五井先生という形で入ってしまう。そしたら五井先生がちゃんと現われた。その五井先生は仏様だ。神様の姿を現わしている。五井先生の中にフッと入った時に、スッと起き上がって治ってしまったでしょう。

信ずる力が一番大事ですね。だから信ずる力を養わなくてはいけません。それにはどうしたらいいかと言ったら、先輩のいわゆる体験を持った人たちに、いろいろ話を聞くとかして、自分の信仰を強めることです。

優柔不断、煮《に》えたんだか煮えないんだかわからない、というのが一番いけない。信仰なんか駄目だ、と思ったら離れて、唯物論なら唯物論をやってもいい。生半《なまはん》かで、先生助けてくれるかしら、大丈夫かしら。神様って本当に大丈夫かしら――これではいけません。

山へ登ろう、富士山天候悪いな、大丈夫かな、頂上までいけるかな、五合目まで行って、また三合目まで下《くだ》って、また五合目まで行って、また三合目に下りて……こうやっていたら何日たっても頂上へ行かれませんよ。こういう信仰が随分あるんです。

行ったり来たり、大丈夫かしらダメかしら……という人がありますよ。これが一番いけない。これなら止めてしまったほうがいい。それで自分一人でやったらいい。神様を本当に信じられなかったら、自分一人でやってみるんですよ。とことんやってみる。苦労するだけしてみるのですよ。共産主義になろうと社会主義になろうと、やってみるんです。

優柔不断はいけません。これは止めなきゃ。少しずつでもいい。一歩一歩でもいい。半歩半歩でもいい。いざりいざりでもいい。人のお尻にくっつきながらでもいいですよ。あの人がやっているから、ついて行ってみましょう。これでもいいですよ。これでもどうにかこうにか行くからね。放しちゃだめです。放しちゃ、摑まえていなければいけない。

ある人のご主人が精神病になった。奥さんが私のところに一生懸命連れてきた。とても重かった。私は「お医者さんに連れていきなさい。連れていったほうがいい」と奥さんに言った。神様が試したのね。

そう言ったら奥さんが「もう先生を信じたんだから、お医者さんに連れてゆくくらいなら、私は死んじゃいます。先生に見捨てられたら死にます」とこう言うんです。

「よし、それじゃいらっしゃい」ということになって、引き受けた。それから毎日私のところへきましたよ。奥さんは苦労して連れてきた。けれど半年ぐらいでその人は治った。

神様に試されて、蹴とばされても、突《つっ》かれても、ちゃんと縋《すが》っていなくちゃダメですよ。神様は楽々と救い上げてくれるわけじゃない。それじゃ一人立ちできないからね。コツンと叩く場合もあるでしょう。神様が出てきて叩くんじゃないけれど、言葉を換えて言えば、神様が叩くことになるのですが、叩かれても、こづかれても、なおかつ縋っていかなければいけません。

不撓不屈《ふとうふくつ》の精神というのがありますね、信仰というのには、やはり勇気が要《い》ります。もし自分に勇気がなかったら、そばの少し強い人、勇気のある人に縋っていくんです。叩かれても何されても縋ってゆく。そのうちにだんだん信仰心が出てくる。そこから湧いてくる勇気は本当の勇気です。

神を信ずる力から出てくるのは、とっても凄い力です。江戸時代初期、徳川幕府がキリスト教を禁じました。キリスト教信者を罰した。あれはもう涙ぐましいんだけれども、踏み絵といって、キリストの絵を踏ませる。踏めばお咎めなしで済むのに、踏まないで磔《はりつけ》になった。そういう信者が随分いました。

別にキリストの絵を踏んだって、なんでもないでしょう。絵なんかどう踏んだっていいじゃないですか。助かったほうがいいと思う。ところが踏まないで磔になった。

磔になっても、私は神様のところへ行くんだ、イエス様のところへ行くんだ、主のみ許《もと》へ行くんだ、って平気な顔をしている。ああいう信仰は凄いです。ああいう信仰があったからこそ、キリスト教が今日栄えているんですよ。

この肉体を突かれてもどうされても、殺されても、自分はイエス様に従ってゆく、とキリストの御名によって神様を信じて、生きているんでしょう。

そういう信仰というのは、今なくなっていますね。

仏教でもそういうことがあった。禅宗の坊さんですが、お師匠さんが弟子になかなかしてくれないので、片腕をきっちゃった人があるんです。片腕をきって弟子にしてもらった人もあるんです。

イエスの言葉にもあるでしょう。

もし目がその信仰の邪魔をするなら、目を抉《えぐ》ってしまえ、足が信仰の邪魔をするなら、足を切ってしまえ。それでも魂が地獄の火の中、ゲヘナの火に焼かれるよりいいんだ、地獄に堕《お》ちるよりいいんだ、と言った。

魂が救われることがどれだけ立派なことかわからない。肉体なんかどうでもいいんだ、というくらいの強い言葉をキリストは言っているんですね。

信を貫く

私はあまりそういうことは言わないけど。肉体も救いましょう、と私は言っています。大分甘いんですね。キリスト教や禅なんかから言えば、私なんか甘くて甘くてしょうがないくらい甘い。甘い教えなんだ。甘茶でカッポレじゃないけれど(笑)。そういう私の教えぐらいに、ついてこれなかったらしょうがないですよ。

みんなあなたが悪いんじゃないですよ。あなたが今苦しんでいることも、あなたの心が悪いように見えても、それはあなたが悪いんじゃない、と言っています。

今のあなたが悪いんじゃないんです。これは許しです。何が悪いのか。過去世におけるあなたが悪いんです。本当を言えば同じなんですよ。言葉がうまいんです。今のあなたが悪い、と言われると、やはりなんだか「私、悪いことをした、ああ」とこう思うでしょう。過去世のあなたが悪い、と言われたって、過去世の自分なんか知らないもの、責任がないような気がしちゃうでしょう。

実際は、自分のところに出てくる不幸とか災難とかというのは、みんな自分のせいなのよ。誰のせいでもない。自分に現われてくるものは、みんな自分のものなんです。それを人のせいのように思うからいけない。

でもそれをお前の罪が深い、とやったら、立つ瀬がないでしょう。自分で苦しんで、自分で不幸になっているところへもってきて、お前の心が悪い、お前の因縁が悪いからお前が悪いんだ、とやられたら、どうしていいかわからない。ペチャンコになって、ますます悪くなってしまう。

そこで私はそんな馬鹿なことは言わない。なかなか智慧があるから、そんなこと言わない。

「あなたが嫉妬深い心を持っているとしても、短気な心を持っているとしても、それはあなたが悪いんじゃないです」まずこう言う。

「いえ私が……」

「いやあんたが悪いんじゃない、あなたは立派な人です。あなたは神様の子なんです。悪いものは何かと言ったら、前の世前の世の昔、神様を離れていた想いが業になって、今現われてきて、妬みの心、怒りの心、あるいは不幸になって消えてゆくんだよ。だから消えてゆく姿だけ思いなさい。それで神様に縋んなさい。

神様といっても目に見えないだろうから、祖先が守っている守護霊、その上に守護神として神様がいるから、守護霊守護神の中へ、自分の想いを入れてしまいなさい。

私はだめだという想いも、私は不幸だという想いもその中に入れてしまいなさい。あいつが憎いという想いも、なんでもかんでもみんな想いは、すべて神様の中へ入れてしまいなさい。そうすると神様の光が消してくれる。あなたは完全円満な本当の姿が出てくるんですよ」

いいでしょう。実際にスッキリとしてきますよ。

誰も責めていない。責めているうちはだめなんです。何故だめかというと、自分や人を責めたりすることは、神様が不完全だ、と言っていることだからです。人間が不完全だということは、神様の責任なんだから。

人間が不完全だ、という教えをするならば、神様、あなたは不完全だぞ、と言うことと同じです。

神様が全知全能ならば、違ったような人間を出すわけがないでしょう。駄目な人間を出すわけがないでしょう。神様は完全円満なんだからね。

みんなそれでわからなくなってしまう。唯物論の人がよく言いますよ。

神様が完全円満ならば、神様がうんと智慧があるならば、神様が人間をつくったならば、何故、こんな不幸な世界をつくったんだ、何故不幸な世界があるんだ、神なんかあるものか、仏なんかあるものか、と言うんです。

共産党なんかみなそういう。何言ってやがるんだ、神も仏もあるか。あったらこんな不幸な世界があるわけがないじゃないか。みんな人間の力でやらなけりゃダメだ、この肉体の力でやらなきゃ善《よ》くなりゃしないじゃないか、こうやられちゃうのです。ヘナチョコな信仰だと一言もない。そう言えばそうだな、となっちゃう。

だから皆さん、もっとしっかりしなきゃだめですよ。

神様は完全円満なんです。ただまだ全部が出ていない。神様の姿が本当に現われていない。神様の姿を人間がまだ現わしきっていないから、不完全なのですよ。さっきも言ったトンネルを掘っているのと同じです。建物を建てているのと同じです。まだ建てている最中は鉄筋がはみ出していて、汚いです。焼跡みたいです。不完全でしょう。なんだこの建物は！　ぶっこわれているんじゃないか。と、まだ建たない建物を見て言う奴はないよ。

トンネルもまだ掘りきれてない。その過程です。ということは、この人間の世界というものは、何億年か何十億年かわからないくらい、永遠に続いているものなんです。最後には完全になるんです。完全になると、もういっぺんやり直すのです。

また違う形で地球界が現われるわけです。まだ完全にならないから、その話は後でもいいやね。

今は最後の、完全を創ろうとする時代なのです。トンネルを掘っていて、随分掘ってきて、あと十パーセントぐらいあるわけです。後ろを振り返っても真暗だし、前を見ても真暗だし、どっちを見ても真暗なんですよ。

みんなは泥をかぶって、汗をかいてまっ黒けになって掘っているけれど、向こうへ着かない。ところがあと少し掘れば、パーンと光が入ってくるところなんです。守護霊守護神が掘る手伝いをしてくれている。もう少しだもう少しだ、わしも手伝う、と言って掘らしているんです。守護霊守護神さんて見えないでしょう。それで私たちが「人間は完全なんだ、あなたの業は消えてゆく姿だ、ホレ」と言って、号令をかけているんです。「サァ世界平和の祈りをやりなさい。祈りなさい」と、みんなの想いを祈りに持ってゆく。そうするとトンネルがどんどん掘れて、もうちょっとで貫通するところなんです。

トンネルを掘るのに、まだかなまだかな、じゃ気がくたびれてしまう。階段を昇るのでも、トットトットット駆け出して昇っては、途中で息が切れてしまう。ゆっくりゆっくり昇る。

長い階段があります。それを上がるのに、上ばかり見ていたら昇れませんよ。まだかな、まだかな、と焦ってくたびれてしまう。上を見ないで、一段一段上がってゆけば、自然に上がってしまう。力んだらいけませんよ。夢中になって、あんまりいっぺんにやったらダメですよ。途中でくたびれて、一休みしてしまうからね。そうすると一段一段上がってきた人に追い越されてしまいます。

山登りでもそうでしょう。百メートル駆けるなら、はじめから全力で駆け出してもいいけど、マラソンのようなものは、スタートでトップをきった選手は、たいがい途中で、実力のある者に抜かれてしまう。実力のある選手は途中からタッタと出てくる。そして最後には勝っちゃう。

はじめから駆け出してはいけません。タイミングを計《はか》るのね。それにはどうしたらいいか、と言ったら、まかせること。神様にまかせなければタイミングは許れない。神様のほうでちゃんと走らしてくれる。

ツーッと走らしてくれる時もあるでしょう。ゆっくり歩かせる時もあるでしょう。いろいろとやってくれます。それは神催《かみもよお》しと言って、また自然法爾とも言って、神様が自然にひとりでにやってくれるわけです。

神のみ心のままに、生きても死んでも、神様のみ心のままなんだ。自分のいのちは神様から来ているんだからね。大体、タダでもらったいのちなんだから、そうでしょう。金を払って生まれてきた奴はいないから。もっともお医者さんに払っているけど、それは生まれてくる子どもが払ったんじゃない。親が払ったんだ。

タダでオギャーと生まれてきて、まず空気を吸います。空気はタダです。おっぱいもタダです。赤ん坊にとっちゃ着物もタダ、みんなタダでくるんですよ。それなのに、さも大金でも払ったような顔をし、わしの人権は、とか、おれがこんな不幸になる馬鹿はない、それは社会が悪いんだ、自分はこんなに能力があるのに、自分を認めないというのは、世界が悪いんだ、とこうやるんですよ。

何言ってやがるんだ、それならはじめっから二十才なら二十才、三十なら三十才になったまでのお金を換算して、一月日割にしていくら、って払ってみろって言うの。払えるかどうか。何億円になるか、何千億円になるかもわからない。払えやしません。

はじめっからタダで生まれてきて、タダで養われて育ってきたんだから、文句を言えた義理じゃないんです。だから私は文句を言ったことがない。みんな神様にやっちゃったんです。そしたら〝愛《う》い奴じゃ、気に入った〟って言うんで、神様に鍛えられ、神様と一つになっちゃった。

そして人生を歩き出した。自然に神様が歩かしている。こっちは何も思わなくてもよいのです。のん気なものですよ。何も思わなくても、神様のほうでスースーとやってくれる。神様のやった通りにやっていると、みんなが救われた。救われた人がみんな集まって、会をつくりましょう。いくらの会費をとらなきゃ、先生だって食べなきゃいけないでしょうから、家庭を持たなきゃいけないでしょうから、と言うんで会が出来ちゃった。

あれは私が頼んだ覚えはないんだ。神様のほうで、なんとなく感じさせて、なんとなく感じた人たちが集まって、会が出来た。ちゃんとやってゆけるでしょう。

私なんかちっとも我《が》を入れたことはない。金儲けをしようと思ったこともない。長生きしようと思ったこともない。何になろうと思ったこともない。そのままですよ。まかせたきりなんだ、まかせただけ。そしたら向こうで（天で）ちゃんとやってくれた。いい見本です。

神様がきっと、結婚してから苦労させちゃだめだ、と思ったのでしょう。だから結婚前に、守護神さんにかき廻わされて、いろんな修練をさせられた。だから家内は結婚してから、一つも苦労しない。

結婚前に、恋愛最中に、恋愛じゃない、神愛なんだ（笑）神様がもらえ、って言ったんだから、これ神愛なんです。神愛なる妻よ、なんですよ（笑）。

結婚前の神愛中は、うんと家内は苦労させられたのです。嘘ばっかり言われた。言うことなすこと、全部嘘なんだからね。

お昼の十二時に逢いましょう、と約束して家内は十二時前から待っているでしょう。一時になっても二時になっても、三時になっても私は行きやしない。他へお浄めに行っていて、全然行かないんですよ。行かせないんですよ。どうにもこうにも動けないんです。三時間以上も待たされる。

これでもかこれでもかこれでもかって、嘘ばかりやられたのです。私のところへ来る人ですから、いろんなことがあるわけでしょう。いろんなことに耐えられなきゃならないでしょう。家内はこてんこてんにやられた。年中、泣かされたのです。それで素直についてきたのね。

ふつうなら来ないね。金が全然ないでしょう。服は一着しかない。冬から夏、全部一着なの。靴は一足。これ破けてるんです。口がパクパクあいている。しょうがないから、縄でゆわえちゃう。そうすると釘が出て来て、足の裏をつっつくんですよ。釘づけなんです、足が（笑）。そういうのをはいていた。

ズボンはお尻に継ぎがあたって、母親が丹念につくろってくれた。それでどこにでも行くんです。どんないい家へも行くんですよ。こっちは平気なんだから。着物なんか見えないんだから、平気な顔をして「こんにちは」って行くんですよ。

今から考えると、行かれた家の人には、随分汚なかったろうと思う、泥だらけだったろうと思うんです。靴下は大変穴があいているんだから。今考えるとおかしくて。そんな恰好でやったんです。そんなところへ家内は、まぁ来ちゃったわけね。来てからはもう修業がすんでいるから、来てからは全然、苦労させた覚えは一つもないですよ。

というわけで、みなさんもまかせきればいいですよ。私がやってきたんだから。人間はみんな神の子だと思っているのです。ただハッキリと神の子が現われている人と現われていない人がいるだけです。

幸い私は先に現わした。それでこういうふうにして神の子が現われたんだよ、サァ私の真似をしてついてきなさい。サァ私を想いなさい、と正面から名乗っている。ある時は聖者になり、ある時は凡夫になったりするんじゃない。本当に悟った人というのはいのちを投げ出している。それで当たり前です。人が「お寒うございます」といえば「お寒うございます」「今日はいいお天気で」「いいあんばいですね」といえばそう言う。

当たり前です。だけど中が違います。みんながお腹が痛い時に、同じように、お腹が痛いって唸っていたんじゃしょうがない。

頭が痛くても痛くない、熱があっても苦しくない――そこまで行かないとね。だから私たちは病気というのはしません。頭が痛いことはある。腹が痛いこともあるけれど、痛いのは勝手に痛いんだ。私の知ったことじゃない、そうなんですよ。

それは消えてゆく姿として痛いだけですよ。自分はちっとも痛くはない。だから私は気を病んだことはない。この間、頭が割れるように痛かったんだけれど、心は明るく、冗談ばかり言っている。それでそばの者が「先生、本当に痛いんですか?」

という。顔色が悪くなっているから、痛いには痛いに違いないけれど、苦しいのか苦しくないのか、そばにいる者にはわからない。

でも少しも苦しくない、痛いことと病気とは違うのです。肉体があるから痛い。私は人一倍敏感で感じる人です。だから誰かが私を思えば向こうの痛さをもろに感じるし、病気も感じます。私が受けたら、向こうへ光が入ってゆくから、向こうが治ってゆく。

腰が痛かろうと頭が痛かろうと、心は痛んでない、平気です。そんなもの治るに決まっている。消えてゆく姿なんですよ。もう消えてゆく姿さえ私は思わない。ただ、口で痛いと言うだけで、心は悩んじゃいない。

苦しいほうは消えてゆく姿、痛いほうは消えてゆく姿、あるものは何かというと、完全円満に輝いている神の子人間なんですよ。
（注11）教義「人間と真実の生き方」。巻末参照。
（注12）『ひびき』（白光出版）所収。

自分の体で神を説け

（昭和34年2月）

威張らないのが一番偉い

肉体の人間というものは、みんな等しいんです。肉体の人間に差別があるわけは絶対にない。天は人の上に人をつくらず、というのは肉体の人間のことを言うのです。

肉体の人間はすべて同じです。ただ肉体の人間がどれだけ空《から》っぽになっているか、どれだけ私がないか、ということによって、その位が違うのです。だから威張った教祖は、無私ではありません。自我欲望がある。コンマ以下の人間が、神様の使いとしてやっているような、そういう馬鹿な時代は去らなければならない。そういう時代が続いたら、日本は滅びます。実にくだらないことです。

一番悪いのは、新興宗教の教祖だ。新興宗教ばかりではない。既成宗教も同じで、大本山の大僧正なんていうと、ふつうの人間を下目《したため》に見ている。下目に見れば見るほど、その人は偉くないです。ちっとも偉くない。人間は全部平等です。威張りくさっていると、また偉いような気がするんです。不思議なものでね、人間は凡愚だから。

きれいな着物を着て、お付きがダーッとついていると、なんだか輝くような気がするけれども、なんにも輝いていない。業《ごう》が取りまいているだけです。そういうのが偉いような気がしたら、偉いような気がするほうもやっぱり馬鹿だ。

一番偉い人は、ちっとも威張らないで、仕事は人一倍して、犠牲という言葉は嫌だけれど、みんなの犠牲になって、みんなのためになって、それで平々凡々としている人です。

私のところに今では相当多くの人がくる。一日に三百人も人に会って、教祖がいちいちお浄めしているところなんてありやしませんよ。みんな誰かにやらせて、自分は御簾《みす》の奥におさまっていますよ。キャデラックかなんか乗って、スッと出かけて、きれいな女の子を両脇にはべらせている。実にくだらない。

私は自動車に乗るのもきらいです。何故きらいかというと、自分だけ先にサッサと自動車で帰ってもいいけれど、折角、一緒に帰ろうと待っている人もあるでしょう。子どもたちもいますよ。自分だけ帰るのは、いい気持ちがしません。だから私は乗らない。私には人の心が写るからね。

人に会うと、いらっしゃい、いらっしゃい、サァいらっしゃいって言うでしょう。あれよせ、という人があるんです。先生、そんなに軽々しくチョコチョコ言わないで、もっと大様《おおよう》に構えて、せき払いかなんかして、向こうが恐る恐る顔を上げる時に、人をもっと向こうに離しておいて、ああなんじゃ言いたいこと申せ（笑）ってね。バカバカしくてそういう気がしないです。

同じ人間なんだから、同じ人間という立場でなければ、人を指導することは出来ません。向こうの悲しみがわからないもの。向こうが何を求めているんだかわかりませんよ、高《たか》みにいたら。本当に霊位が高くて、高みにいるんならいいけど、前生の因縁で、前生の徳が返ってきて、教祖なら教祖の地位にいるんですからね。

今、偉いんじゃない。今、偉い人は、さっき言ったように、人間のためになりながら、みんなの苦しみを背負いながら、自分が威張らないで、みんなと同等にいる人ですよ。そうすると自分のことを言っているようだけれど、正直に言うと本当なんだから。

私は自分で教えていることを、自分で実行しているんですよ。といってわざわざしてるんじゃないですよ、意気張ってわざわざニコニコ笑っているわけじゃない。当たり前のことを、当たり前にしている。自分の持って生まれた気性を、そのまま出しているだけで、別に苦労してやっているわけじゃない。苦労してやってたら、一年もしたらくたびれちゃいます。

持って生まれた性質の中には、業《ごう》があったんです。けれども三十才ぐらいの時に、神様に返しちゃった。愛の心も業の心も神様のほうに全部返しちゃって、あらためて帰ってきたんです。そうすると、業想念のほうはなくなって、神様の光だけが入ってきたわけです。それで前のいいクセだけを引張り出して、ピックアップしてやっているわけ。

そのクセは何かというと、気さくな、素直な、明るい、思いやり深い、というもの。それだけは残ったわけです。昔の人が会えば、十五年前の人が会えば、やっぱり昔の五井さんなんです。ところがどっか違う。何が違うかというと、権威が出てきた。昔の神様にならない前と光が違う。神様になった、というのはおかしいことではありませんよ。皆はじめから神様なんだからね。

人間はみんな神様

誰だって、人間はみんな神様なんです。それを知らないだけの話であって、神様になるということは、ちっともおかしいことではありません。皆はじめから神様なのに、神様の子なのに、自分たちが勝手に、神様の子から業想念の子に引きずり降ろしているだけなんです。

その引きずり降ろすものは業想念でしょう。それはどういう想いかと言うと、自分の心を疑う想い、人の心を疑う想い、世の中を疑う想い――こういうのはみんな業想念なんです。ところがこの世の中、疑わなくちゃ生きていけないです。それでいい人、真面目な人、魂のきれいな人は世の中が嫌になってしまう。尼さんになりたいけれど、尼さんになるのも大変だ。やっぱり生活しなきゃなんない。それで嫌々生きてゆくわけです。

業想念の強いような、欲張りの人は人を押しのけて出てゆく。どんどん地位も上がるし、金も儲ける。この世の中で平均してゆくと、お金をうんと持っていたり、地位が高かったりする場合は割方、業想念の強い人が多い。全部じゃないですよ。お金もあり地位があっても、立派な人があります。比較的多いということです。

貧しくて、貧しさに耐えながら生きてる人は、案外、浄らかな人が多い。それは当たり前なんですよ。どうしてかというと、今は業想念の世界だからね。ところが本当の光が天から地上界に降りてくると、だんだん業想念の世界が消えて本当の世界が出来る。光の世界が拡がった時が地上天国なんです。

ところが残念ながら、今までの宗教では地上天国は出来ないのです。なぜ出来ないかというと、本当の宗教家が少ないからです。自分自身の身体で神様や仏様の教えを説いている人がほとんどいない。言葉では人間は神の子だ、と説くんですよ。人が神の子を現わさなくてはいけません。神の子というのは明朗です。明るさ、素直さ、無邪気さ、把われのなさ、正しさ、これらが神の子の実質なんですよ。特質なんです。神の子がいじいじ人のことばっかり気にして、アノ奴イヤナ奴ダ、コイツヤナ奴ダ、自分ナンテダメダロウって、そんなことを思っている神の子はありません。そう思うのは業の子なんです。

ところが今までの宗教はほとんど、仏の子、神の子と説きながら、みんな自分を責めている、人を責めている。お前の心が悪い悪いと言う。キリスト教でいえば罪の子だ。人間はアダムとイブの原罪によって苦しんでいるのだから、自分は罪の子であるということを本当に自覚して、イエス様にすがって助けてもらえ、とこう言うんです。言い方によってはうまいやり方なんです。だけど何が罪の子なんだかわかりやしませんよ。アダムとイブなんて知ったこっちゃない。何関係があるんだ、アダムもイブも見たことないし、そんなもの知りやしない、何言ってやんだい、と言うことになるでしょう。そんなこと説いているからダメなんです。神様から離れた想いが業想念なんです。罪の子なんです。

人間が神の子だという前に、この世は誰がつくったか、と問われれば、信仰する人は神様がつくったと思いますね。唯物論者はまた別ですよ。この世の中は神様がつくった、神の世の中だとするならば、なぜ不幸だとか不完全があるのか、なぜこんな貧乏して、こんな病気になって、こんなに争い合って生きていかなければならないのか。果たして、神様がつくったのか？　こういうことになりますよね、宗教はそこから始まるのです。

悩んで神に対して批判が出てきます。それで本当に神様はあるのかないのか、つきつめて考えます。そうすると、神は一つであって唯一である、というだけでは見当がつかなくなる。一つなる神が人間をつくっておいて、なぜ神の子である人間をこうやって苦しめ、もだえさせているのか、ということになります。

ここへくると説明できなくなる、それでわからないから、アダムの原罪をもってきたり、あるいはお前の心がけである、というのをもってくる。因縁だ、業だというのをもってくる。どうして神の子に業が出来たのか、ということを誰も教えてくれない。無明《むみょう》というのをハッキリ教えてくれた人はいないんですよ。神の子か業の子かわからなくなってしまうんです。それで結局、神様を信じられなくなっちゃう。

神様にまかせておけばいいんだけれど、まかせて大丈夫かしら、本当に大丈夫かな、とみんなそう思います。今、ここに来ている人だって思います。だけど「大丈夫」と口で言ってくれる人がここにいますから、「先生が大丈夫っていうから大丈夫」とこう思います。罪は先生にきせておいて、自分は安心しているわけです。きせられるこっちは災難だけれど、役目だから仕方がない。

ところが今になってくると、罪を認めていたんじゃ神様がわからなくなっちゃうから、ダメなんです。みんなすべて消えてゆく姿なんだ。あなたが悪いという想いも消えてゆく。人が悪いという想いも消えてゆく。失敗したことも消えてゆくんだ。病気ということも消えてゆくんだ。何もかにも、みんな消えてゆく。

消してくれるのは、一つなる神ではありませんよ、一つなる神というのは大生命だからね。大生命は分けいのちとなって、この肉体の中で働いているのです。大生命はいわば資本をくれたわけです。大資本家が資本を分けてくれて「ハイお前にやるから、お前はお前の生活をしなさい」と出すわけです。やり方が悪いと損をしちゃって不幸になっちゃう。そういうのがこの世の世界でしょう。

それだけだったら、失敗したらそれでおしまいです。そんなおしまいになるような、そんなバカなことを、全智全能の神様がするわけがないでしょう。

そこで一つなる神が、大生命としての神と守護神としての神とに分かれたのです。

私の説はそういうことなんです。

一つなる神から分かれた分霊《わけみたま》が、直霊として分かれ、直霊が分霊として分かれ、いのちとしてここに来ています。このいのちをうまく使わなかった。勝手な想いを出していのちを損ね、だんだん神から離していった想いが業想念でしょう。

この業想念を消すために、神様のほうではもうわかっていたから、守護神という救いの働きの光を出して、その守護神の力で守護霊をつくり、だんだん人間の業を消してゆこうと働いている。

そういう説明がないと、宗教は成り立たなくなってくる。一つなる法則の神がまけてくれたりしない。悪いことをすれば悪いことが返ってくる、人を恨んだら恨んだものが自分に返ってくるのは決まっている。人を殴れば殴られるんです。人を切れば切られる。播いた種は刈り取らねばならない。それは法則なんですよ、それは神様の動きと同じなんです。それでなかったら、正しいことを誰もしないからね。恨んでも、殴っても、自分がなんともなかったら、みんななんでもしちゃったほうがいいからね。そういうわけにはいかない。やればやられる、奪えば奪われる。法則です。

しかし法則だけだったら、喧嘩になっていつまでたっても仲良くなれない。その姿が現われているのが今の世の中です。戦争もそうです。勝ったり負けたり、取ったり取られたりしている。そういう世界でしょう。

そこでそれを救うために、守護神が現われているんです。戦いが絶えないというようになることは、神様のほうではわかっているんだ。なぜ勝ったり負けたり、業のぶつかりあいがあるかというと、神様の世界は自由自在でしょう。もう精妙微妙で、光そのもの。ここと思えばまたこちらで、自由自在にどこへでも行ける。肉体の人間はそういうわけにはいきません。肉体のほうはアメリカへ行くのに何時間もかかる。そういうふうにスピードが全く違います。微妙さが違う。その違い、差のマイナス面だけが、どうしても業として残る、力がないんだから。

たとえば大資本家が、日立とか三菱がどんどん仕事すれば、儲かってしまう。ところが資本をもらって独立した小さな会社がやった場合、金が入らないから一寸ひっかかるとつぶれてしまう。日立や三菱は一寸くらいひっかかったってつぶれません。

それと同じように、神様というのは無限の富であり、無限の智恵であり、無限の力なんだから、神様そのものは何も痛みはしません。ところが分けられた、資本を与えられた独立した小生命の人間というものは、肉体に入ってきているから、この肉体に固定されて自由にならない。肉体のない素通しのいのちだったら、自由に動けますよ。しかし姿が現われません。肉体界に入って自由にならないだけ、微妙に動ける波と粗くしか動けない波との差が、業想念と言って現われてくる。

これは神様のほうでわかっていることですよ。先の見通しのつかないようなバカじゃない。業想念というものが出ることはわかっている。それはそうでしょう。片一方は微妙に動く波とすると、片一方は粗雑《あら》い波で動く。だからこんなに隙間《すきま》があるじゃないですか。その隙間が闇ですよ。無明ですよ。業ですよ。その隙間があるだけ神様に入れない。その隙間をうめるために守護神があり、守護霊の光があって、隙間をうめてくれているんですよ。

それを今までの宗教家はちっとも教えていないんだ。守護霊守護神がどこか社《やしろ》かなんかに入っているように教えているけれど、自分のところにしっかりついているような守護神は誰も教えやしない。心霊研究が盛んになってきてから、だんだんとその存在などを教えはじめたけれど、それだってハッキリ言っていないです。

私は大神様、大生命としての神様、法則の神と、守護神という救いの神とはっきり分けた。それと同時に、業想念と本心をハッキリ分けた。

要するに、内なる神様と外なる神様との間に、業想念がある。それを破るために守護神が働く、守護霊が働く、業想念を破って内なる本心と外なる神とをつなげて、業想念をだんだん消してゆこう、という働きが今はっきり現われてきた。それを私は自分ではっきり立証して、私は守護神によっていろいろと修行させられて、それでこうなったわけでしょう。自分の体験ではっきりわかっていますから、「うしろに守護神がついていますよ、守護霊がついていますよ、それであなたの業想念を消してくれているんだから、あなたは日常生活はそのまま、守護霊さん守護神さん有難うございます。と神様のほうに想いをむけて、一生懸命生きてさえいれば、病気が出ようと、貧乏が出ようと、何が出ようと、それは消えてゆく姿として、守護霊守護神が消していいてくれるのだから、なんでも構わないから、想いを神様神様神様、守護霊さん守護神さん有難うございます、と神様に向けていればいい」というように教えているんです。わかりやすいでしょう。

お前の罪だ、もお前の心が悪い、も何もない。

「あなたは神様の子なんだ。ただ神様の子があなたとして、はっきり現われていないだけなんだ。神の子があなたの生活にはっきり現われていないんだけれど、あなたは神様なんだよ、神の子なんだ。

だからどんな苦労が出ようと、迷いの心が出ようと、どんな恨みの心が出ようと、どんな病気が出ようと、不幸が出ようと、それは昔はあなたと関係あったけれど、今としては関係ないんだ。過去の想いがここに現われて消えてゆくんだ。消してくれるのは守護霊さん守護神さんだから、守護霊さん守護神さん有難うございますと、想いがこっちから守護霊守護神に入ってゆけば、この悩みが消えるんだ」

神様と思う想いは光なんです。守護霊さん守護神さん有難うございます、というのは光の想いなんだから、業想念を突破してゆく。そうするとどんどん光が入ってくる。入ってくると、知らない間に明るくなってくる。心が豊かになってくる。なんだか、この世が愉快になってくる。

楽しむことはいのちを輝かすこと

Tさんは、私のところへ来るまでは、宗教にこって、神様神様ばかりで、世の中ちっとも面白くない。映画も見たくなかった、恋愛もしたくないんでしょう。何にもしたくないんですね。ただ神様神様。鍼《はり》のお医者さんの仕事をするのはいいけれど、楽しみというものが何もない。だから青い顔をしてションボリと来ましたよ。本当に神様がわかれば、世の中全部楽しくなければならない。

神様というのは光明です。光り輝いている。その神様を思いながら、暗い顔をして青ざめてしょぼんとしてたんじゃ、神も仏もありませんよ。神様を信じ、すがった場合は、まず明るくなりますよ。神様を想わない時よりも、想ったほうがズッと明るくならなきゃならないのに、今までの宗教というのは明るくならない。ひどいのになると、目が吊り上がっちゃって、宙に浮いちゃって「オレの宗教に入らなければバチが当たる」(笑)と、おどかして歩いている。みな困ってます。

どこに神様の姿があるの? 少なくとも、神様と本当に言ったら、神様と言わない時よりも、神様らしい顔にならなきゃ。明るい顔、柔和な顔だけどね。本当に神様が現われる時は、こわいながらも柔和な感じがしますよ。男の中の男という顔をしている神様もあるけれど、目なんかどこか優しい感じ、しかも揺るがない感じが出てくるんです。

実際、うちへ来ている人たちはどんどん変わっています。女の人はだんだん美しくなる。男の人はますます男らしくなる。それを神様事、仏様のことというと、なんだか陰気になってしまう。どこかおかしい、と昔から思っていた。信仰している人の顔というのが、信仰してない人の顔より悪いんだもの。世の中がつまらなそうな顔をして、それでみんなが楽しむのを見て、嫌な顔をする。そんなバカなこと。この世の中は、やっぱり楽しんでいいんですよ。ただし、人に迷惑をかけたり、自分の身を損《そこ》ねたりするような楽しみはバカバカしい。だから夜更かしをして自分の身を損ねたり、大酒を飲んで自分の身を損ねたりすれば、神様に対して冒瀆《ぼうとく》ですよね。

神様から頂いたいのちなんだから、大事にしなければならないでしょう。適当に喜ばせ、リラックスさせ、いのちを輝かすことは、落語を聞こうと、講談を聞こうと、音楽を聴こうと、映画を見ようとなんだって構わないですよ。

家庭ではカカア天下という家は、大体うまくいっている。お母さんのほうが強いほうがなんとかうまくいっている。腕力は男のほうが強いんだから、男のほうがひっこんでいれば、それはうまくいきます。男のほうが威張っちゃったら、殴られたって蹴られたって、女はどうしようもない、もう。いざとなれば出ていけ！　となるでしょう。出ていけば食べられなくなるでしょう。だから女のほうが威張っているぐらいでちょうどいい。

それで女の人が困って、宗教団体に相談に行く。するとお前が良人《おっと》を拝まないから、お前の心が悪いから良人を拝め、良人は天で妻は地だ、地は天に従わなければならない、とやられる。さんざん従ってるんだよ。従いきれなくてきたんだ。また従えというから、従いたくないけれど、従おうというんで一旦帰ってくる。夫が酒を飲んで酔っぱらって帰ってくる。お帰りなさい、と言ったたって知らん顔している。それでも従わなければならないから、一生懸命機嫌をとろうとする。そうすると、夫はますますいじめたりする。

人間ってのは変なもんでね、自分は悪いと知ってんだよ、夫は。夫には限らないよ。自分のほうが悪いと知ってるのに、それを下手《したで》に出られ、どんなに悪いことをしても、いじめても、すみませんすみません、とやっていると、癪《しゃく》にさわってくるんですよ。どこまでいじめたら弱音を吐くか、ウソをつくなと思うんですよ。そういう心理があるんですよ。ウソをつくな、オレがこんなに悪いことをしているのに、まだ拝むなんてとんでもないヤロウだ、どこまでいじめたら音《ね》をあげるか、一ついじめてやれ、そういう心理があるんです。男にはあるんです。だから適当なところでパンと言ってみたり、謝ってみたり、また小言を言ってみたりして、うまくゆくんです、本当は。

ごまかしてはいけない

無理無理我慢したりして抑えていると、病気にいつかなっちゃう。あるいは爆発して別れちゃう。遂には我慢しきれなくなる。潜在意識というのは正直なもので、出るのを押えていると、どんどん溜まるでしょう。表面はいい顔をしているご夫婦が、案外仲が悪かったりする。うちの宿六がなんて言ったりしているのが、案外仲が良かったりして、喧嘩したってすぐ治まっちゃう。お互いに言わないのが一番いけない。

口も聞かない、そうなると子どもがおかしくなっちゃう。それはウソだからね。嫌なものは嫌だし、いいものはいいんだし、甘いものは甘いんだし、まずいものはまずいんだから、味噌もくそも一緒にしちゃって、拝みなさい、なんて出来っこない。そういうのはごまかしなんです。そういうことを宗教が教えていた。それは宗教的カルマと言うんです。

ごまかしちゃいけない。ごまかさない裸の心、いのちそのまま、そういう生き方が一番いい生き方です。私はそれを教えるんです。言いたいことを言い合って、しかも調和してゆく。仲がいい。それが調和した姿というんです。我慢し合って仲がいいいんじゃ本物ではありません。それで消えてゆく姿というのがあるんですよ。

夫が一杯呑んでなんか言うのも、それは夫の前世の因縁が消えてゆく姿。また自分の因縁が消えてゆく姿。神様から離れた想いが、今そういう姿になって消えてゆくんだと思う。自分が悪いんだと、自分ばかり責められたら納得しやしない。喧嘩両成敗《りょうせいばい》なんだからね。自分もどこか悪いところがあるかもしれない。なんだかわからないけれども、五井先生が消えてゆく姿と言ったから、前の世のことだから知ったこっちゃない。前の世が消えてゆくんだ。自分に責任ないやね。向こうもああやって消えてゆくんだ、業のやつにやらされているんだ、気の毒なもんだ、と思えば腹も立たない。

だから一日も早く消えますように。一つぶたれたら、ぶたれただけ消えてゆく姿。怒鳴られたら怒鳴られただけ消えてゆく姿。向こうが悪いんじゃない。私が悪いんじゃない、みんな消えてゆくんで、私も夫も神の子なんだ——とこうやらなきゃね。それなら我慢しないでしょう。なぐる夫も、酒呑む夫も、威張る夫も、そんなものはみんな消えてゆく姿。ありやしないんだ実際には。消えてゆく姿が現われているだけ。その消える姿が現われるだけ、自分のほうにもいつか前の世かなんか知らないけれども、消えてゆく姿を出させるものがあるわけですよ。

そうなると、先生が消えてゆく姿といって赦してくれたけれど、私もよく考えれば、サービスが悪すぎた、と思うんですよ（笑）あなたが悪いんじゃないですよ、と言われると今度は、自分が悪くなって、なんか自分の悪いところを探す。それでここだな、と直すようになります。人間てのは変なもんです。いけないと言われると、嫌になっちゃう。お菓子屋の子は、あんまりお菓子に見向きもしないです。いつだって食べられるから。そのように責められないと、安心しちゃって、自分の心をみるという余裕が出来る。

だからどんなことがあっても、自分が悪いんじゃない、相手も悪いんじゃない。みんな消えてゆく姿なんだ。神様の子に悪いものがあるはずがない。神様は全知全能であって、神様が悪い人間をつくるはずがないんだから、もし悪いものがあったら、それは神様じゃないんだから、神様のほかにこの世の中に何もないんだから、後はみんな消えてゆく姿。

悪い夫も悪い自分も消えてゆく姿。病気も不幸も消えてゆく姿。消えてゆくと思っている想いも消えてゆく姿。すべては消えてゆくんだ。あるものは神様だけ。具体的に言うと、自分の本心と守護霊守護神、それだけです。それでこの世の中は出来ているんです。

それが天から地までスッキリ通りきってしまうと、地上天国が出来るんです。

この五井先生はみんなの心を映しているだけなんです。私がない。儲けようとも、うまいものを食べようとも、いい着物を着ようとも、いい家に住もうとも思っていません。何も思っていません。世界が平和になりますようにと思っている。それもわざわざ思っているのではない。そういう役目なんです。

役目でここに生まれ変わってきたのです。私の願いは世界人類、地球人類が平和になることだけ。その役目で来ている。地球人類が平和になるためには、個人個人が平和にならなければなりません。それで個人個人が平和になることと、地球人類が平和になることとを一つに結ぼうとしている。それが世界平和の祈りなんです。

世界人類が平和でありますように、と思うと、その想いの中にすべての善い悪いを、つまり、あいつが悪い、こいつが悪い、自分が悪いとか、病気だ不幸だなんて思っている、そういう想いをすべて、世界平和の祈りの中にぶちこんでゆくんです。

そうすると、自分の想いがグルグル三界《さんがい》を廻っているでしょう。そうすることで一つ一つ消えてゆくんですよ。さっきのTさんじゃないけれど、私に会ってから、映画を見ても別の角度から見て面白い。音楽を聴いても別の角度から面白くなった。今まで業想念の中に入っていて、面白くない面白くない、そんなの見たってしょうがない、と馬鹿にしていたわけだね。小説を読んでも、神の子人間として小説を読む、ああ、人間はああいうふうに悩んでいるのか、それも消えてゆく姿、とそういうふうに面白い。今度は何を見ても面白くなる。

今まで逆立ちしていたものがひっくり返って、今度ちゃんと立って見られるようになった。だから世の中が明るくなって面白い。そうしたら顔がずっと明るくなって、生き生きとしてきた。前のTさんを知っている人はよくわかります。

いのちが生き生きとして生きる張りが出てきたのです。生きる張りを神様の中に入れて、神様の子として生きている。今度はズッと上から見ている。下から入っても汚れに染まらない。天に行っても地に行っても大丈夫。地に行けば地の中が浄まる。天に行けば清々しい。

そういう人間になればいいでしょう。

それをたいがいの場合、天だけに入ろうとして、神様神様と言うけれど、上に行ききれない。行ったが最後下りられない。だからこの世の中がバカバカしくなっちゃう。それではなんのために生きているのかわからない。肉体の人間として生きている以上は、肉体の人間の生活を享受《きょうじゅ》して、そこに明るさと楽しさを見出さなければ、それは半端です。そんなら肉体人間なんていらないですよ。ところが肉体人間が二十何億もいるんです。それは神様のみ心なんです。

人間というものは、肉体に入ったならば肉体人間として、しかも神のみ心をそこに現わしていかなければならないでしょう。

神様が肉体人間の中に居なかったら、どこに一体いるのか? 目にも見えない。天国を探したって、なんにもならない。観念論ですよ。

今までの宗教というのは、人間の中に神様がいないと思っている。人間は神の子と言ったり、人間は神の分霊と教えていながら、人間というものを神と思っていないんですよ。不思議なんですよ、それは。だから肉体を持った人間の中に、神様があるわけがない、と知性的な人はみんなそう言います。

神様というのは、神の子というのは、イエスだけだと思ったり、あるいはお釈迦様だけだと思ったり、マホメットだけだと思ったりしている。そんな二人や三人の神様でどうするの？　この人類が栄えるわけがないでしょう。

みなさんは神様の子なんです。神様の子を自覚しなきゃだめですよ。神様の光を自分の生活に出さなきゃだめですよ。

神様の光とはどういう光かというと、明るさですよ。光がついて暗《くら》かないでしょう。電灯のような光じゃないんだからね。神様の光は太陽よりもっと明るい光なんです。その神様の子は明るくならなければならないですよ。自然な明るさと、無邪気――これが神様の特質です。有邪気じゃいけませんよ。

愛行するんでも、いちいち「あいつ助けて得かな」「いくらかになるかな」そんなのはない。ところが宗教教団の全部がそれです。お金をなくしてごらんなさい。処置ないから。今の宗教教団てのはみんな金の力でのし上がっている。金力だけでやっている。本当の教えの力ではないですよ。教祖の態度を見ればよくわかることです。

私はいつも思うんだけれど、実業家は金儲けするのが商売。天命なんだから、金儲けをいくらしたってかまわない。自動車を乗り廻したっていい。いくら豪華なレストランで食事をしたっていいし、どんな贅沢をしたっていいと思います。政治家もそうだ。やっぱり仕方ないやね、つき合いなんかで。

だけど、宗教家だけはそれはいけませんよ。日本に一台しかないような自動車を乗り廻しているような、そういう態度は宗教家としては下の下の下の、どこまでいっていいかわからない下の下なんです。そういうところに、また信者さんがたくさん集まるんだから、やっぱり業生の世界よ、ここは。業生が消えていって、本当に神様の光が現われてくると、そんな団体はみんななくなってしまう。いっぺんになくすと、そこに勤めている人もあって、給料をもらえなくなるから、それはしないでしょうが。業生の姿であることに間違いない。

みなさんは幸いに、本当のことがわかっている。具体的にわかってなくとも、頭の中だけわかっている人もあるでしょう。頭じゃなくて心でわかっている人もあるでしょう。行なったそのまま真理を出している人もあるでしょう。とにかく私のところに来て、話を聞こうとする人はただ現世利益だけじゃないんですよ。自分じゃ病気だけ治りたい、と思って来た人もあるでしょう。お金をもうけたいと思って来た人もあるけれども、それは表面だけであって、あなた方の守護霊さん守護神さんは、本当のことを知らせよう、本心を開発させて、神の子の人間であることを知らせようと思って、私のところへ連れてきているのです。それで私がこういう話をしている。

「人間はみんな神の子で、汚《よご》れなきものですよ。穢《けが》れなきものですよ。もう光り輝いている」それが業につかまった時に汚れている。私は駄目な人間てのはいけないんです。いい人に限ってやるんだ。そういうのは私は嫌いなんですよ。駄目な人間だったら、駄目でなくすればいい。駄目な人間だ駄目な人間だと人に言って歩いている人があります。駄目押ししている。聞いていると嫌な気がします。

神様は、駄目な人間てのを嫌がります。「わしはそういう人間をつくったおぼえはない」といいます。駄目な人間なんていうのは消えてゆく姿だ。駄目じゃない想いを出せばいい。どうやって出すか。神様を思えばいいんです。

簡単で実に楽なんです。本当の宗教というのは簡単なんですよ。難しいことはないんです。難しい理論や哲学があって大蔵経がたくさんあるけれど、あんなもの一言で尽きますよ。神様に全託すればいいんです。神様のみ心の中、自分をつくってくれた元の中に、自分の想いを全部やっちまえばいいんです。それだけの話です。

聖書も「み心のままになさしめ給え」なんですよ。あの一言《こと》でたくさんだ。み心の中へ全部投げ出しちゃうと、自分の世界が光明化してくる。ところがみ心というのがどこにあるかわからない。

そこで私が、神様のみ心を現わそうと思って、一人一人守護霊さんがみんな守っていてくれるんだよ、と言っている。それは祖先の悟った人なんだから。祖先というとなんだか懐かしい。あんたのおじいさんがそこにいるよ、って言ったら有り難い。死んだ母親ならなおですよ。涙が出ちゃいます、なんだか力強い気がする。

私だってこう悟る時に、亡くなった弟がここに(背後に)いて守っていたり、友達がいたり、おじいさんがいたり、いっぱいいて通信してきた。その時は力が湧いてきました。自分だけじゃやっぱり心細いよ。いろんなことを修行させられるんだからね。何をしているかわからないんだからね。こうなっちゃえばわかるからいいけど、こうなるまでは、半ばの時は、なんだか嫌ですよ。

ところがちゃんと身内が守ってくれている、そう思うと勇気が出てきます。自分のおじいさんや弟は、自分に悪いことをしっこないでしょ。本当は大神様は始めから悪いことをしっこないんだ。しかしそこまで始めからいかない。自分の祖先として生まれてきた者、親戚として生まれてきた者、兄弟姉妹として生まれてきた者は、絶対に自分に悪いことをしっこないとわかりますね。

そこで私は「祖先の中の一番悟った人が守護霊さんとしてついているんだよ。だからあなたに悪いようにしっこないんだから、必ず守ってくれるのだから、守護霊さん有難うございますと、安心してまかせなさい」と言っているんです。

心安らかになるためのトレーニング

（昭和34年3月）

想いがすべてを決定する

人間が幸福になるにはどうしたらいいか、という質問がありましたが、その答えは簡単なことです。それを説明しながら話をしてゆきましょうね。

いわゆる人間の運命や、世界の運命を決めているのは何かというと、人間の想いなんです。一人一人の想念行為が個人の運命を決めるし、人類世界の運命も決めているのです。

たとえば、あいつ嫌な奴だと思いますね。あるいは、ああ、なんてつまらない世の中だろうと思いますね。そうするとその想いが、電波のように伝わって、アメリカにも行けば、ヨーロッパにも行けば、ソビエトにも行けば、宇宙中を廻って歩くのです。

台風が起これば、風が伝わってきます。地震が起これば津波が伝わって押しよせます。そういうふうに人間の想いというものも、ひびきとなって、地球をぐるっと廻って歩いている。地球ばかりではなく、宇宙全体をひびきになって廻っています。日本人が〝ああ情けなや、情けなや〟と思っていると、〝ああ情けなや、情けなや〟という声が想いとなって、宇宙中を廻って歩くんです。〝あいつは悪い奴だ、あいつは悪い奴だ、あいつは悪い奴だ〟と言っていると、その想いが地球中を廻って歩く。

皆、そういう想いの原理を知らないんです。だから自分がどんなことを思ったって、世界に関係があるとは思わない。自分が「情けなや、情けなや」と言ったら、世間が情けなくなる、なんて思わないでしょ。ところが、自分が「情けなや、情けなや」と思っていれば、世界が「情けなや、情けなや」と思っている。自分が「あな嬉し、あな嬉し」と言っていれば「あな嬉し」というひびきが世界中に伝わっているのです。

そういう想いの原理が、人間世界を救う原理であるし、人間世界を不幸にもするものでもあるんです。

だから自分の想いというのが、すべてを決定する。自分の運命も世界人類の運命も決定するんだ、ということを先ず知らなければいけない。

世界人類はひとまず置いても、自分自身がどうしたら幸福になれるか、というと、今までの幸福でなかったという想いを越えて、自分が幸福な想いを出さなければいけない。

たとえお金を持っていても、地位があっても、いつもお金が欲しいとか、惜しいとか思っている想いは、貧乏な想いです。お金が欲しいお金が欲しい、貧乏だ貧乏だという想いが、世界をぐるぐる廻って歩くのです。そういった想いの中で生活していれば、その人はいつまでたっても、自分の心が幸福にはならないのです。

たとえば明日の米《こめ》のことをいちいち考えなきゃならないような生活をしていても、自分が真面目に働いている以上は、必ず天が自分に食物を与えてくれるんだ、と信じている人は、明日のことは心配しません。

何を食わんと思いわずらい、何を着んと衣のことを思いわずらうな、とイエスが言いましたね。ちっとも思いわずらわないです。心が貧しくありませんよ、心はいつも安心しています。心配しないんだから、安心しているんでしょ。

今、ここに貧しい生活があるとします。今、貧しいんではなくて、前の世前の世、つまり過去世からの貧しい想いがありまして、その結果が今の生活になっているんですよ。

この世で五十年なら五十年生きている。三十年なら三十年生きている。そういう生活は今だけの生活ではなくて、前の世、過去世の想いがここに集まって、この世の想いがそれに加わって、今の生活が出来ているわけです。

そうでないと、この世の中ほど矛盾《むじゅん》したものはないんです。貧乏な家に生まれて、食うに食えないでやっとこさ育って、小学校を終えて中学校も苦労しながら行く、というような生活もあります。始めから小僧さんに出されて修行するような生活もあります。また金持ちの家に生まれて、苦労もなにもなくて、大学に入るのでもお金を使って入れる人もありますね。こんな不公平な、矛盾した生活ってありませんよね。それだけ考えると、やはり共産主義のような考え方になってしまうんです。

片っ方では自家用車を二台も三台も持って、子どもが学校に通うにも自動車に乗ってゆくのに、オレたちは働けど働けどわが暮らし楽にならざりきって、じっと掌をみないでもって（笑）文句を言っているわけなんですよ。

貧しい者はうんと貧しいし、富んでいる者はうんと富んでいる。甚《はなは》だしく差があります。そういう現象的なこと、この世だけを見ていると、愛情の深い人は義憤を感じてくる。

こっちは貧しくて食べられない。明日の米もない。娘をどこかへ売らなければ食えない、という人がいる。片方は家を何軒も持って、自動車に乗ってそり返ってる人もある。そんな不公平なことで、神様なんてあるものか、と思うんですね。

神様があるのに、何故こんな不幸な世界をつくった？　片方は一生懸命、真面目にやっているのに貧しくて、片方はいい加減に遊んだりしながら、あんなに富んだ生活をしている。こんな不公平な世界はない。こんなもの神様がつくるわけがない、とこういうように考えてしまう。そういう人たちが共産主義になるのですよ。

だからこんな不公平な矛盾した世界を、いっぺん叩き壊して、富める者から奪いとって、プロレタリアート（無産階級）に与えれば、貧しい人たちも少しは浮かび上がるだろうし、平均するんじゃないか、と考えたわけね。それはマルキシズム（マルクス主義）。そういう社会にしようと、中共だのソビエトがやっているわけです。

しかし、平均化しようとやってみると、やはり平均しないんです。どうしても富める者は富んでくるし、貧しい者は貧しくなってくる。権力を握る者は強くなるし、握れない者は弱くなってくる。

発明なら発明をする人、芸術の才能があって芸術家としても素晴らしい人、あるいは政治的才能がある人は、人々より抜きん出てゆく。そういう人たちはやはり高い月給をもらい、いい生活をしてゆく。働きの足りない、能力の少ないものは、労働者としての生活をするよりない。

だからソビエトであっても、ピラミッド型になって、権力ある者、富める者、才能ある者と貧しい者が出てきてしまう。いくら平均しようとしても、地位の高い者と低い者と出てきてしまう。いくら資本家から富を奪いとっても、地主から土地や財産を奪い取っても、いい生活をする者と、悪い生活をする者が出来てくる。だから、いくら形の世界を壊しても、平均にはならない。公平にはならない。

何故かというと、人間には能力の差があるから。能力の差がある以上は、平均しないんです。貧富の差がどうしても出来てしまう。

政治家なら政治家になってみる。そうすると相手をひきおろそうと、追い落とそうと、お互いが暗躍《あんやく》して、すきを狙ってやっつけようとする。落っこってゆく者は落ちてゆく。のし上がってゆく者は上がってゆく。唯物論者も共産主義者も、やってみるとどうもうまくいかない。

どうしてそうなるか？

人間というものを知らないからです。人間というのはこの現象面だけの、五十年六十年……八十年の肉体をもったこの世界だけのものだ、と思っている以上は、今言ったようになるのです。どうしても不平等になってしまう。

ところが私どもが体験した生活というのは、肉体というのは人間の本体ではない、人間のほんの一部の現われであって、本当の人間というのは、霊体であって、もっと微妙なもので、空《そら》でも駆けられる、どこへでも行かれるという体なんだ、霊なんだ、神の子なんだ、と体験してわかったのです。お説教を聞いてわかったんではなく、体験としてわかった。難しい勉強をし、本も読み、実修もして、自分が体験してわかった。

肉体というものは、儚《はかな》いものだな、とわかった。五十年、六十年、七十年で終わりになってしまう、肉体だけの生活だとすれば、いかに巨万の富を築き、大臣《だいじん》になろうと、ある年限が来て倒れてしまえば、それで終わりになってしまう。今まで摑んでいたものが何にもならなくなってしまう。

何が残るかというと、今まで人のために尽くしたという人は、その功績が残ります。大勢の感謝の想いとか、慕ってくるという想いが残るでしょう。その反対に、金だけ貯めた、地位だけは高くなった。しかし人を踏みにじってきたものであれば、恨みの想いだけが残るわけです。

地位が高かろうと、金持ちになろうと、恨みの想いだけ残して亡くなってしまう。それで終わりだとすれば、実に虚《むな》しい変なものですよ。

ところが実際は、人間というのは神の子であって、霊体として生きている。神体として生きている。そして肉体としても生きている。ズーッと生き通しに生きている。

一つなる神が始めからあった。それは人間の体をもった者には、いつ唯一の神が出来たなんてわからない。始めからあった。唯一神からいろいろな神々に分かれて、それでこの肉体界が出来ているんです。その神々というのは、皆さんの祖先といえば祖先だし、自分といえば自分なのですよ。自分が神々の中から分かれてきた。直霊（ナオヒともいいます）そこから現われてきた分霊《わけみたま》なんです。分霊の分霊かもしれない。直霊すぐの分霊かもしれない。とにかく分霊の神の子が、この肉体生活を営《いとな》んでいるわけなんです。

その肉体生活は何かというと、始めに言ったように、自分の想いで出来ている。自分たちの想いがこういう世界をつくっている。だからたとえば貧しい生活をしている、あるいは富んだ生活をしているというのは、過去世における想いの集積が今、出ている。今している生活というのはその答えなんですよ。今の生活というのは、過去世の自分の実績がここに現われてるわけ。

今地位が高い人でも、お金をたくさん持っている人でも、それは過去世に積んだ功績が現われているのです。それを今の自分の力だと思い、自分の努力だと思って生活している。しかし怠慢な生活を送ったり、人をバカにしたような生活をしていると、前世の徳がどんどん減ってしまうのです。どんどん貯金を使い果たしてしまって、しまいにその貯金がなくなると、バサッと落ちてしまう。

また別に、今、貧しい生活をし、地位が低い生活をしていたら、それは過去世の功績が少なかった、貯金が少なかったのね。それが今現われているわけ。

それを悟って、自分が新しく富める想い、愛の想い、広く人や社会に働きかける想いを出しさえすれば、その人はこの世でよくなるか、あるいはもう一度生まれ変わってよくなるか、またはあの世の地位が高くなるか、とにかく、ズーッと貯金を積んでゆけば、功績が大きくなるわけです。この世は実に合理的なのですよ。共産主義者が考えているような不合理な世界じゃなくて、非常に合理的な世界なんです。

ところが肉体の眼でもって見れば、それがわからない。わかっている人もたくさんいるんですよ。肉体界の他に幽界があり、霊界があり神界がある。という真実を知っている人がたくさんいるんです。日本人ばかりでなく、外国人にもたくさんいるんです。そういう人たちが年々歳々増えていきます。そうすると今までのように、肉体だけが人間だ、というのが迷信のようになり、そう思っているような人たちは、非常に人類の進歩から遅れてゆくようになるんです。

人間の想いは神様に近づいている

昔は太陽が地球のまわりを回っている、と思っていた。地球が自ら回転していることを知らなかった。地球は丸いなどと知らず、平らだと思っていた。だんだん真理が発見されてきて、本当のことがわかってくるのと同じように、人間というものは肉体だけだ、という観念は迷信になって、だんだん古くなってくる。

時勢も変わってくる。ただ一つ、絶対に変わらない、不変なものがあるのです。それは何かと言うと「人間は神の子である」という原理は、絶対変わらない。この肉体が始まった頃から、神の子だった。

それが肉体に入ってしまって、肉体の遅鈍な、のろい波の中に入り込んでいると、微妙な波がわからなくなってくる。昔だったら、霊体も神体も見えていた人がたくさんあったのです。それが次第に見えなくなった。今、さかんに研究しはじめて、だんだん見えるようになってくる。そういう昇り下りの波があるんです。

現在では、肉体も霊化してきている。人類も霊化してきている。その証拠には、ラジオが出来、テレビジョンが出来、プロペラの飛行機からジェット機が出来て、人工衛星が出来ている。それはどういう現われかというと、人間の想いというものが神様の心に近くなっているということで、微妙な波動を捉えるようになってきたということです。今まで形の世界しか存在しないと思っていた。形だけしかないんだと思っていた想いが、だんだん形がなくてもあるんだ、とわかってきた。

要するに原子がある。電子がある。素粒子、微粒子というものがあり、もっと他にも波動があるんだ。人間というもの、物体というものは波動の現われだということが、研究の結果、科学者もわかってきた。だんだん進んできて、人工衛星のように宇宙の深い神秘に突入するような、そういう機械も出来たわけですね。これは人間の頭脳が、この肉体以外のもっと微妙な、目に見えない、耳に聞こえない、そういう波を捉えて、科学的に分析したりして、現実の形に現わしたんですね。

科学的に進んでいると同時に、霊的に、直感的に、直覚的にパッと神様を摑む、神の中に入ってしまうような人間も、たくさん生まれてくるでしょう。科学者がどんどん進んでいるように、宗教者もますます深くなってくる。昔のように、自分だけしか出来ないような宗教ではなくて、自分が悟ると同時に、誰でもそういう境地に導いていくような、そういう宗教がだんだん出てくる。

その一番始めは誰かというと、法然《ほうねん》です。法然、親鸞《しんらん》というのは、自分だけが悟るのではなくて、誰も彼も教わったことさえやれば悟れるんだ、仏と一体になれるんだ、という教えを説いた。一向専念《いっこうせんねん》南無阿弥陀仏ですね。阿弥陀様と一つになる道を説いた。

たとえどんな悪い想いが出ようと、どんな妬みの想いが出ようと、どんな悲しみの想いが出ようと、どんな苦しみの想いが出ようと、そういう想いはそのままでいいから、念仏を唱えて、阿弥陀様の中に投げ出してしまえ、と言った。

肉体のほうは人の心もわからないんだし、遠くへゆくにも歩いていかなければならない。やってはいけないと思うこともやってしまう。そういう凡夫なんですね。悲しんじゃいけない、と思いながら悲しんじゃう。人を恨んじゃいけないと思いながら恨んじゃう。妬んじゃいけないと思っても妬んじゃう。自分ではいけないと思うことも、やってしまうんですね。たいがいの人がそういう凡夫なのです。

だから、それはいけないと言っても、良いと言ってもダメなんだ。そういう想いをそのまま阿弥陀様の中へ投げ出してしまえ、というのが法然、親鸞の教えです。あれはとてもいい教えだと思うのです。

しかし、現在のように、実際に知識的になってきますと、西方極楽浄土《さいほうごくらくじょうど》？　そんなものあるかないかわからない、どこだい西方っていうのは？　というようになってきます。西方と言っても阿弥陀様は目に見えないから信じられない人がたくさん出てくるわけです。

この世の中で一番問題なのは想いです。想いがすべての運命を決定しているんだし、自分の運命も想いが決定する。世界人類の想念というものが、人類の運命を決めてしまう。だから想念を変えなければいけない。

今までの暗い想念や、貧しい想念や、人を恨む、妬む想念を、人の幸福を願う、要するに明るい想い、悲しみのない恨みのない、妬みのない想いに変えなければいけない、と思うわけです。

それにはどうしたらいいか？　一生懸命座禅をしたり、滝にあたったり、山にこもったりして、その想念をなくそうとしたのです。肉体をいじめていじめて、肉体感覚をなくして、肉体への執着を絶とうという修行をしたりした。ところが今、生活に追われている人たちはそういうことは出来ません。そこで法然、親鸞が易しく出来る方法、南無阿弥陀仏と唱える、ということを始めた。

ところが現在は皆がやらない。〝こんにちは、南無阿弥陀仏〟って言ったら、明日死ぬのかと思っちゃう。結婚式に行って〝おめでとうございます。南無阿弥陀仏、南無阿弥陀仏〟と言うと、なんだか縁起《えんぎ》が悪いような気がしてしまう。縁起が悪いようなところに使ったからね。お葬式にあげるからね。おめでたには使えません。

南無阿弥陀仏というと、死ということを思い出すからね。

それで私は世界平和の祈りなんですね。他のなんでもいいと思うんだけれど、世界平和の祈りというのは一番わかりやすい。

世界人類が平和でありますように、と誰でも思わない人はないんですからね。日本人だろうが、ユダヤ人であろうが、韓国人だろうが、なんであろうが全人類が、世界の平和を祈らない人はない。思わない人はない。ただ祈りにならないだけね。思うことは誰でも思うんだけれど、祈りにまで高めた人がないんです。そこで私の神様はそれを教えた。

世界人類が平和でありますように、と思っただけで、言葉の先でも口の先でも頭の先でも、とにかく世界人類というのが身に入ってきます。日本が平和でありますように、という時には、ウソでもなんでも、日本ということを言葉に出すんだから、頭で思うんだから、ここへ入ってきます。

私たちの天命が完うされますように、という時には、自分たちの幸福を思いますね。それで、守護霊守護神様有難うございます、と言うでしょ。

知らないうちに、世界と自分とがつながっている。日本が自分につながってゆく。私たちといって、人類の私たちにつながってゆく。守護霊守護神への感謝が大神様につながってゆく。だから言葉の意味がわかり、納得してゆく。南無阿弥陀仏では納得しないんですよ。現在では皆の観念が南無阿弥陀仏では死人《しにん》にあげるお経になってしまった。

そこでこういう使い古した言葉ではだめで、新しい、しかも現代的で誰でもわかるというのは、世界平和の祈りよりないんですよ。

世界平和の祈りは、あまりにも易しく簡単で、かえって誰も考えられなかった。人間というのはおかしなもので、あまり易しいと、なんだか教えにならない気がして、使わない。難しい言葉でなければ、お経にならないような気がする。世界平和の祈りは完全なお経ですよ。真理を説く言葉がお経なんですよ。世界人類が平和でありますように、って真理ですよ。世界人類の平和を願わない者なんていない。神様が世界の平和を願っている。

神様のみ心というのは大調和です。日本人もアメリカ人もソビエト人も人間はみな全部、神様からみれば一つの生命《いのち》です。それが喧嘩していて神様が喜ぶわけがない。みんな各々《おのおの》が天命を完うして、そして大調和して、神様のみ心をこの地球世界に現わそうとして、人間世界を創っているのでしょう。世界が平和であることがみ心なんです。ですから、世界平和の祈りは神様のみ心の現われそのものです。

私の短歌に

世界平和祈るは神のみ心の
　ひびきにあれば祈るたのしさ

というのがあるでしょ。神様のみ心の現われが世界平和の祈りなんですよ。皆さんが〝世界人類が平和でありますように〟と言っている時には、神様のみ心の中にパッと入っちゃっているんですよ。

想いがすべてを決定するのです。ああ悲しい、ああ不幸だ、ああ世界がダメになっちゃうという溜息吐息の想いが、溜息吐息の出るような生活をつくるんでしょ。想いが決定するんだからね。

私が予言をしないのは、そこにあるんです。今の世界が滅びてしまうとかなんとか、私は言わないでしょ。言う時には、しかしそれはこういう方法で助かるんだよ、と言うでしょ。

今までの予言者というのは、世界の三分の一がダメになるとか、悪い予言ばかりを言う。そう予言されると勇気が出ない。誰もがもうダメだと思い、どうせなら、うんと自分の思う通りのことをして、食べるだけ食べ、飲むだけ飲んでしまえ、と大体の人は凡夫だから、やけになるでしょう。

相当予言力のある人が、それもよく当たっている人が、たとえば今月の末に大地震があって、関東は全滅するなんて言ったりしたら、みんなフワフワしますよ。関東に住んでいる人は大あわてしますよ。そういう馬鹿な予言をする人は、宗教者としては失格なんです。この世の中の人が、どんなに臆病かということを知らないで、自分がちょっと感じたからと言って、予言して廻るくらい愚かなことはない。

よくあなたの息子さんは、二ヵ月もすると重病になる、なんていう易者がいたり、予言者がいるんです。そういう者は馬鹿という。何故馬鹿かというと、言われた二ヵ月の間、息子とその家族はおびえつづけるわけ。おびえればおびえるほど、その想いが運命を悪くするんですよ。だからそのようにおびえさせるようなことを教えるのは、宗教者でもなんでもない。脅迫者です。そういうことを言ってはいけない。

私は悪いものがあろうと、黙って出来る限り悪いものを防ごうと思っている。肉体界で防げなければ霊界で防ごうと思って、私は祈っているんですよ。

祈りはメンタルトレーニング

話は戻るけれど、世界平和の祈りを祈る想いの中に、神のみ心の中に、悲しい想いも、恨みの想いも、世界がどうなるか、という想いも、金持ちが憎らしい、権力者が憎らしいという想いも、みんな入れちゃうのです。

自分はダメだ、あいつはダメだというのも入れてしまう。私は世界平和を祈ろうと思うけれど、なかなか祈れない、という想いも入れちゃうのです。なんでも構わない。出てくる想いは全部、世界平和の中につっこんじゃう。これは一つのメンタルトレーニングでもあるんで、やっていると、知らないうちに、世界平和の祈りの中に入って、心安らかになっています。

私が直霊と一体になったのは、家族を持たない独り身の時です。だから楽だったんです。ところが皆さんは家族を持っている。家族持ちで神と一体になるということは、容易なことではない。これは非常に大変なことだと私は思うんですよ。

子どものない人は子どもの心配をしている人を見ると、そんな心配しなくてもいいじゃないか、とこう思うんだけれど、実際、子どもを持っていたら、とてもじゃないけれど、大変だな、と私は感じる。

子どもは守護霊守護神が守っているから、大丈夫なんだ、と私は言いますね。けれど、心配するのを見ていると、やはり心配するのも無理ないなと思うんですよ。

無理ないな、だけじゃすまないやね。それではいつまでたっても高い所に上がれないから、一度は無理はないなと思うけれど、消えてゆく姿として「それはなんでもないいんですよ」と、あっさり流すというようにやるわけです。

私は人一倍感じますからね。一度、皆の気持ちを受け止めるということをします。この人は苦しいな、と思うから、頭ごなしに叱る気持ちにはならないですよね。だから一度はなんでもかんでも、もっともだもっともだと受け止めて、しかしもっともだ、だけでは偉くなれないんだから、そのもっともなところを私が助太刀をして、一緒に天国に行きましょうね、というのが私の祈りであり、教えなんです。

皆さんの体験談などを聞いていると、みんな立派です。なかなかこれだけにならない。やはり消えてゆくという教えと、守護霊守護神の教えと、世界平和の祈りというのがすごいんですね。それは私を通して働いている神様が素晴らしいんですね。

宇宙大に拡がる祈り

南無阿弥陀仏と世界平和の祈りについて、もう少し話をしましょう。南無阿弥陀仏が本当に自分に入り込むと、その人は妙好人と言われるように、素晴らしい人になります。

お念仏は個人的に救われる。上に昇ってゆく。上へ行けば、パッと拡がっているけれどね。世界平和の祈りは、祈ろうと思った時に上に上がると同時に、横にパッと拡がってゆくのです。

世界平和を祈った時に、この身体が五尺何寸の身体ではなくなって、世界大になってゆく。地球大になってゆく。宇宙に拡がってゆくと言ってもいい。

こちら側がまごころであればあるほど、宇宙大に拡がってゆく。その時は一人の誰々ではない。世界人類の平和を祈る時には、その人は宇宙大に拡がってゆく。光り輝く神様になるんです。

一番易しく、一番早く神様になれる方法は何か、と言ったら、それは世界平和の祈りなんですね。

こんな易しいことを何故、今まで誰も考えなかったのか。それは私の役目だったのね。南無阿弥陀仏だったら、キリスト教の人は嫌でしょ。天照大神《あまてらすおおみかみ》だけでは仏教の人は嫌ですね。今までにあった祈りでは、どこかの人が嫌がるんですよ。世界平和の祈りは英語圏でする時は英訳すればいいし、インドでやる時はインドの言葉ですればいい。世界人類が平和でありますように、というのは誰も文句いいませんね。各国の言葉に変えればいいだけでしょ。

日本が平和で……というところを、インドにすればいいんだし、アメリカにすればいい。その国の名前を入れればいいですよ。守護霊守護神が嫌だったら「神様」だっていいやね。そういう祈りです。

今に、各国でするようになります。絶対になるんですよ。それを組織だってしなければだめです。いい加減にやったってダメですからね。神様とつながらないですから。

本当は、今、私がやっている世界平和の祈りをそのまま、どこでも何国人でもすればいいいんです。

日本というのは、島国の日本を言っているわけではないですからね。本当の人類の姿という意味なんです。だけどそれはイギリス人やアメリカ人にはわかりませんからね。日本人にさえわからないんだからね。だからまず各国の名前を入れてもいい。

そうすると、どこからも文句を言われる隙がない。相対的じゃない、絶対的祈りです。みんな相対的ですよ。

〝天にましますわれらの神よ……〟という祈りがありますね。キリスト教の祈り、ということになってしまいます。主の祈りはいい祈りだけれども、キリスト教の祈りになっちゃう。〝南無阿弥陀仏〟というと、仏教の、それも浄土門の祈りということになってしまう。今までにやっていたものは、みんな相対的な各宗派がある祈りなんですね。

世界平和の祈りというのは、どこにも宗派がない。民族も超越している。国も超越している。宗教宗派も超越している。すべてを超越した絶対的祈り――それが世界平和の祈りでしょ。

こんな易しい真理、こんな易しい言葉が今まで出なかったのは、時期が来なかったからです。何故、時期が来なかったかと言うと、守護霊守護神というものがハッキリわかっていなかったからです。今までの宗教で、神様を守護霊、守護神とに分け、さらに救いの神と法則の神とに分け、業想念と本心とを分け、しかも内なる神と外なる神とをはっきり分けた人はないんです。初めてなのです。

その分けたことから始まって、世界平和の祈りが生きるんです。それからこの祈りを提唱しているのが、肉体が言っているんじゃないっていうこと。肉体の五井昌久なんていうのは呑気《のんき》なものですよ。朝起きて、顔を洗って、ごはんを食べて出てくるんだね。これは器だからね、機械と同じですよ。お話をし、お浄めをし、統一実修会の指導をするのは誰かというと、神界の守護神の団体ですよ。

これは絶対なる権威を持っています。肉体の五井先生にふざけたって何だって、そんなこと構やしない、私は呑気ですよ。子どもとふざけて、子どもが鼻をひっぱったって、ひげをひっぱったって、ハハハって笑っている。それは同じだからよ。あなたも私もちっとも変わりはしない。ただここに働いている神霊団の光は素晴らしいんですよ。

天命について

（昭和34年3月）

小さな天命、大きな天命

天命を完うせしめ給え、という祈りがありますね。

天命というのは今まで、音楽家になるのが天命だとか、洋裁家になるのが天命だとか……こう思っていたんだけれど、そうじゃなくて、お父さんに世界平和の祈りをしていることが天命を完うしていることだ、というふうに聞かされた。けれどお父さんに言われると何だか反発したくなっちゃうので、先生からいっぺん説明してください。

という質問がありました。それはお父さんの言っていることも、私の言っていることも同じだけれど、もういっぺん説明しましょうね。

天命には二通《ふたとお》りあるのです。この世だけで果たされてゆく天命と、前の世前の世から、自分が神の分霊として肉体に現われた最初の時から、肉体生活をすべて終えて、もう肉体に帰ってこない、他の星の世界へ行ってしまう、というそこまでの天命と二つある。

世界平和の祈りをしてなくて、何か気に染まない仕事ばかりをして、嫌々ながらこの世を去る場合もありますね。それは天命を果たしていないように思うでしょ。もしそうだとすると、天命を果たしている人がほとんどないような気がするでしょ。もう少し細かく説明すると、天命には二つあるといいましたが、それをもう二つに分けます。

たとえば、自分が政治家になろうと思っているのに、とうとう一生郵便屋さんで終わってしまう、という場合があります。そうするとこの場合、天命を果たしていないのか?

また、病気をしたり、争いごとをしたり、あるいは悪いことばかりをしてきた人がいる。その人が五井先生に会った。それで世界平和の祈りを教わって、心が変わってきたとします。

この人はそうすると、私に会うまで、天命を果たしていなかったのか、というと、そうではなく業を消えてゆく姿にして、天命を果たしていたことになるのです。消極的な天命の果たし方ですね。

何をしても、何をするんでも、みんな悪いことばかり出てくる。そうすると天命を果たしていないように思えるけれど、それは消極的な意味の天命を果たしているのです。

五井先生を知って、消えてゆく姿で世界平和の祈りを知ってくると、悪いことが出てきても、気に染まない仕事が出てきても、それは天命を果たしていることになる。消えてゆく姿で世界平和の祈りをしていると、本当のものが出てくる。本心が出てくる。

そうすると、分霊としてこの肉体に生まれて、生まれ変わりを繰り返してきたもの、大きな天命を果たすことが、どんどん早くなってくるわけ。それがどういう形で果たされるか、個人個人別々です。

天命を完うする祈り

世界平和の祈りを祈ることが天命だ、というのはどういうことかというと、神様のみ心を現わすため、神様の姿を地上界に現わすために、直霊の光が分かれて、各人間になっているのですから、神様のみ心を果たすことが天命を完うすることなのです。

世界平和を祈ることとは、神様のみ心が一日も早く完うされますように、ということで、神様のみ心が自分を通して、そのまま現われるということです。だから世界平和を祈ることとは、一番根本の、一番天辺の天命を完うする行事なのです。

ということは、世界平和を祈っている時は、人類の一人としての天命を完うして生きているのです。と同時に、自分個人としての天命も完うしているのです。個人としての天命もやがて出てきて完うされてゆく、ということになる。

天命を完うするということはどういうことか、大体わかったでしょ。

だから世界平和を祈るということは、もう大きな天命を完うしているのです。それで必要に応じて、個人の行ないというか、生活の中にそれが形として出てきます。だから形として自分に気に入らないことが出てきても、それは消えてゆく姿としての天命を完うしている。陰《いん》の天命を完うしながら、しかも大きな神様のみ心を現わす天命を完うしているのだ、というように考えてください。

人間がこの世に現われてきた目的はなんですか、と聞かれると、神様のみ心を現わすため、地上天国をつくるために現われたのだと教える人はあっても、さてどうやって現わしたらいいかわからないんですよ。

愛と誠の行ないと言うんだけれど、どうやって愛と誠を現わしていいかわからない。私は世界平和の祈りをしなさい、と言います。まことにあっさりと、しかも鮮やかです。

世界平和の祈りをしてる時は、神様のみ心を現わしているものね。地上天国が世界平和でしょ。それを現わすための祈りですよ。それはそのままでもって、天命を完うしてるものね。祈りの中に、愛と誠が入っています。

愛とは

愛というのはどういうことか、というと、陰陽に分かれたのが相寄《よ》る時に起こる感情なんです。たとえば前世において、直霊から分かれた分霊同士がここで会いますね。そうすると、ああ親しいな！　懐かしいな！　と愛を感じます。愛情を感じる。それで結ばれてゆく。それは昔は一つだったからね。昔は一だったものが分かれていて、それが会うから愛を感じる。

人類愛というのがありますね。それはどういうことかというと、人類はみな一つです。大神様において一つなんだ、一つのいのちだったものだから、ああみんなが救われますように、みんなよくなりますように、とこう思う。世界平和が出来ますように、と思う。これは人類愛です。

その人類愛というものは、世界人類の中に自分が入ってしまう。飛び込んでいってしまうことなのです。ということは、神様のみ心の中に入ってしまうことなのです。

分かれたものが世界人類の平和を祈る時には、世界人類の中に自分が入ってゆくのです。その時に愛が起こる。それを人類愛という。大きく言うと人類愛、個人的ならばふつうの愛情なのね。

自分が楽しむために、男の子や女の子がデートしたりするでしょ。それは愛じゃないんです。業なんです。業をその時々消していると、本当の愛が出てくるんです。古事記のイザナギ、イザナミではないけれど〝ああいとしの人よ〟と分かれていたものが一つになる、そういう時は本当の愛が起こる。

世界平和の祈りをしていれば、ちゃんと会うべき人が出てきます。ですから若い人は一生懸命やんなさい。世界平和の祈りをしていて、一つの魂が二つに分かれていて、それがパッと会って愛情を感じる、という場合がある。それは守護霊守護神が会わせた結ばれです。そういうピタッとするのがなかったら、よしちゃうんですよ。もう半分はどこかへ行っちゃっていたら、一人でいなさいよ。そのほうがいいから。半端な結婚したって仕様がない。

愛というのは、分かれたものが相ひく感情です。業のことを言っているんじゃないですよ。業というのは自分だけ楽しもうとする想いです。自分の肉体感情だけを満足させようとするのは業ですよ。精神的に本当に満足する場合は愛ですよ。

あの人ちょっと気に入らないんだけれど、外に気に入ったのがないから、いいだろう、てなことになっちゃう。業が少し入っている。しかしこの世では、そのくらいで満足しなければならない場合も多いんです。

うちに娘がいるんだけど、今でも結婚を嫌がってるのに、先生がピタッとしなきゃ止《よ》しなさい、なんて言ったら結婚できやしない――なんて言われちゃ困るからね。そういうのは理想なんだけれどね。

どうせ始めは一つなんだから、人類愛的になれば、どこへ飛び込んだって大丈夫だね。

そこまで世界平和に徹していれば、どこへ飛び込んだって大丈夫。みんな消えてゆく姿で必ずよくなっちゃうのですからね。そういうように思いましょうね。

この世の不幸などこわがることはない

（昭和34年3月）

みんな〝消えてゆく姿〟

病気などこわがることはない。病気など消えてゆく姿だからね。病気なんか治さなくたって、治したって、そんなものはどっちだって同じなんだ。治るに決まっているんです。

驚くことはありません。肉体がある限り病気は治るに決まっている。

一番困るのは、自分の想いに把《とら》われることです。恐れる想い、妬みの想い、恨みの想い……そういう想いに把われる想いが、こわいといえば一番こわい。

病気なんぞはこわくない。勝手に消えてゆくんだから。黙っていたって消えてゆく。ところが自分の想いは、自分に入ってきてしまうでしょ。だから、なかなかとれない。

そこでそういう時は、五井先生に頼んだり、世界平和の祈りの中に飛び込んだり、あるいは先輩の人たちに応援を頼んだりするのです。

自分一人でする時は、世界平和の祈りを一生懸命すればいい。「ああ消えてゆくんだな、これはみんな業の消えてゆく姿なんだな、自分の本心は輝いているんだな、世界人類が平和でありますように」とやる。それで間に合わない時は、「五井先生、五井先生、五井先生」と思う。

そうすると、想いが光明の中に入ってしまうから、消えちゃうんですよ。消えてゆく姿で世界平和の祈りをやっていれば、寝ててもいいんです。ご飯食べててもいいんです。仕事しててもいいんです。

自分の仕事をちゃんとやって、日常生活を豊かにして、しかも世界平和の祈りを祈っていればいいんですよ。

それで何か悪いことが出てきたら「消えてゆく姿」とやっていれば、自然に自然に、一番いい生き方をしていることになるんですよ。過去世の業の想いが貧乏にもなり、病気にもなるんです。恐れはいけない。恐れると、それが毒素になる。人はなんでもすぐ恐れる面がある。〝ああ話を聞いてから、よけいこわくなった〟ということになる。

私はそんなことは言わない。その後がある。恐れた時は過去世の因縁が消えてゆく姿だという。うまいもんだよ。私がうまいわけじゃない。神様がうまいんですよ。実にうまく教えている。

こんなに恐れては恐怖心が毒素になりゃしないか、不幸の種になりゃしないか、という想いも、業が消えてゆく姿なんだ。いろんな形でもって、神様が消してゆくわけです。

病気になったら、それは過去世の因縁の消えてゆく姿なんだ、貧乏になっても、ああそれも過去世の消えてゆく姿なんだ。怪我をしたら、大きなものがこのくらいで小さく消えていったんだ、と思うのです。

想いながら、またなりやしないかな、ひどくなりやしないかな、と思う。消えても消えても出てくるんじゃないか、なんて思う。いつまでたったらよくなるんだ、とこう思う。そういう想いは恐怖の想いでしょ。それも消えてゆく姿。何が出てきても自分の心の完全円満性を否定する想いは全部消えてゆく姿。

高慢の想いも消えてゆく姿、自分はダメだという卑下慢の想いも消えてゆく姿、みんな消えてゆく姿でね。それを消してくれるのは誰かというと、守護霊守護神さんが業想念を幽体からみんな消してくれているんだから、守護霊守護神さん有難うございます、と思いなさいね。そして世界平和の祈りをやるんですよ。

世界平和の祈り言《ごと》はどこから始まってもいい。どうでも構いませんから、世界平和を祈るような想いになりさえすればいい。

消えてゆく姿と世界平和の祈りが、災《わざわい》転じて福となす。病気になったために世界平和の祈りをする。すると病気は消えていって、世界平和を祈る完全円満なる自分の姿が、そこに現われてくる。転移禍福というんですか、パッとひっくり返す。

たとえば相撲の上手な人が、押してくるとその力を利用して、さっと投げる。柔道でも同じですね。それと同じように、業が現われて消えようとしてグッと押してくる。ふつうの人は消えてゆく姿がないでしょ。抑えようとするから、逆に押し出されてしまう。消えてゆく姿があると、業を世界平和の祈りに転換してしまうから、業が光の中に入って、光に転換してしまう。

消えてゆく、という教えが今までなかった。ちょっと言っているところもあったけど、実際問題として使っていない。肉体はない、病気はない、不幸はないのである、なしなしとやっている。ないということではわからない。実際にはあるんだからね。あるものをないというのは、達人でなければ出来ないですよ。

達人は相手にしなくてもいいのです。私は何もわからない一般の人を相手にしよう、と思っている。皆さんには失礼ですけれど、皆さんはわかっているんですけれど、一般の人が達人になるように教えているんですよ。それは消えてゆく姿なんです。あるものはあるようで消えてゆく姿。そこのところが大事なんですよ。

ないではわからない。いっぺん現われてくるんだから。ないと言えるのはお釈迦様みたいにならなければ言えない。ないということは私はよくわかるんですよ。肉体はないんですよ。ここに現われているのは、皆、過去世の因縁の影《かげ》です。本当は光り輝いている。私の霊光写真のような光なんですから。

想像してみてください。肉体の私がいなくて、光だけがここにある。光の中から何か言葉が出てきて、「お前たちは」なんてなったら、何だかこわいでしょ。

肉体の世界にいる場合には、やはり肉体の姿をしていなきゃね。観世音菩薩というのは、相手が芸者さんなら芸者さんに現われる。老人なら老人に現われる。三十三に身を変じと言うでしょ。神様は説法するのに一番ふさわしい姿をして現われるわけです。

私は皆さんにわかるように、わかりやすいような話をするために現われている。一般大衆を相手にするんだから、一般大衆を相手にして難しい学問の話をしてもわからないでしょ。そこで私は一番わかりやすい話をするために来たんです。それが消えてゆく姿なんだ。一番楽なんです。

あなたが今、たとえどんな悩みのどん底にあろうとも、どんな苦痛のどん底にあろうとも、それは過去世の消えてゆく姿、必ず消えてしまうんだからね。全部、消えてしまうんだから、消えてしまうことを認識して、守護霊さん守護神さんとつながりなさい。世界平和の祈りをおやりなさい。そうしてさえいれば全部消えてゆくんだ——ただそれだけなんです。

そんなことを言ったって、やれません。とそのやれませんという想いも消えてゆく姿。ちょっと苦しくなると反抗して、やらない人があるかもしれない。最後に苦しく苦しくなってくると、やりますよ。

よくあるんだけれど、誰かに紹介されて私のところに来る。すると「そんなもの出来ない、難しくて私には出来ません」って言うんです。それはまだ余裕があるからね。それで離れていって、一年か二年する。もうどうにもならなくなってくる。そうすると今度はやるんですよ。否でも応でも「先生助けてください」って。「じゃ先生を思いなさい」と私が引き受けてやる。

世界平和の祈りも何も抜かしてしまって、五井先生だけに結びついて、だんだん世界平和の祈りになってゆく人もある。苦しくなれば、必ず守護霊さんが私のところへ連れてくる。それで消えてゆく姿をやるんです。

どんな想いも神様が消してくれる

消えてゆく姿というものは、自分が消すんじゃないのですよ。よく間違えて、自分が意気張って、消すんだと思っている。それで、消そうと思うんですが、なかなか消えないんです、と言う。

自分で消すのは自我です。あるいは自力と言うんです。自分で消せるようならば、みんな悟ってしまって楽なんです。自分で消せないところに、守護霊守護神がいて、神様の愛が本当にわかるんですよ。

この世のものというものは、自分で消せないんですよ。何にも消せないんです。自分で消すものは一つもない。みんな守護霊守護神が消してくれる。

自分で消そうとすると、たとえば自分は短気なんだ、これを消さなきゃ、と消そう消そうと思っても思っても出てくる。自分には恐怖心がある。恐怖してはいけない。だから恐れまい恐れまいと思う。思っていると余計に恐ろしくなる——そういうような体験があるでしょ。こわがるまいこわがるまいと思っていると、よけいにこわくなる。それは自我なんです。力《りき》みなんです。勇気ではなくて力みなんです。余程強い人でなければ消せない。ふつう一般の人にはそれは出来ない。

そこで消してゆく姿でなくて、消えてゆく姿ですよ。消してゆく姿とは言ってないでしょ。消して（決して）言ってません（笑）。

消えてゆく姿、消えてゆく姿とただ黙ってれば、消えてゆくんですよ。自分に恐怖心があるとしても、恐怖心を眺めてさえいれば消えるんだけれども、眺めていられないよね。

恐怖なら恐怖心が出ても結構。恐怖をそのままにしておいて、構わず、ひたむきに、世界人類が平和でありますように、世界人類が平和でありますように、とやるんですよ。それが間に合わなかったら、五井先生、五井先生、五井先生って唱える。そうすると知らないうちに、だんだん想いが五井先生なら五井先生の中、世界平和なら世界平和のほうへ、神様のほうへ寄っていってしまう。寄ってゆくと、恐怖心がだんだんだんだん消えてゆくんですよ。そういうものなのです。

どんな想いが出ようと、どんな不幸が出ようと、そういうものはそのままにして、神様の祈りの中に入っちゃうんですよ。そうすると神様のほうで消してくれるんです。「南無阿弥陀仏」なんですよ。

神様を汚す悪はないんだから、自分は悪のままでいいから、神様の中に飛び込むんです。そうやっているうちに、神様が消してくれるんです。そうすると知らないうちに、きれいな心になって、きれいな心境になってくるんです。それを私は教えているんですね。

参考資料

人間と真実の生き方

人間は本来、神の分霊《わけみたま》であって、業生《ごうしょう》ではなく、つねに守護霊《しゅごれい》、守護神《しゅごじん》によって守られているものである。

この世のなかのすべての苦悩は、人間の過去世《かこせ》から現在にいたる誤てる想念が、その運命と現われて消えてゆく時に起る姿である。

いかなる苦悩といえど現われれば必ず消えるものであるから、消え去るのであるという強い信念と、今からよくなるのであるという善念を起し、どんな困難のなかにあっても、自分を赦《ゆる》し人を赦し、自分を愛し人を愛す、愛と真《まこと》と赦しの言行をなしつづけてゆくとともに、守護霊、守護神への感謝の心をつねに想い、世界平和の祈りを祈りつづけてゆけば、個人も人類も真の救いを体得出来るものである。

世界平和の祈り

世界人類が平和でありますように
日本が平和でありますように
私達の天命が完《まっと》うされますように
守護霊様ありがとうございます
守護神様ありがとうございます

第1図

宇宙神（大神さま）は、まず天地に分かれ、その一部の光は、海霊《うみだま》、山霊《やまだま》、木霊《こだま》と呼ばれ、自然界を創造し、活動せしめ、その一部は、動物界を創造、後の一部の光は、直霊《ちょくれい》と呼ばれて、人間界を創造した。（第1図）直霊は、各種の光の波を出し、霊界を創り、各分霊《ぶんれい》となり、各分霊が幽界、肉体界を創造した。その過程において、各分霊は、自ら発した念波の業因《ごういん》の中に、しだいに自己の本性を見失っていった。

　そこで、直霊は自己の光を分けて、分霊たちの守護神となし、守護神は、最初に肉体界の創造にあたった分霊たちを、業因縁《ごういんねん》の波から救い上げた。この分霊たちは、守護霊となり、守護神に従って、ひきつづき肉体界に働く後輩の分霊たちの守護にあたることになった。そして分霊の経験の古いものから、順次、守護霊となり、ついには各人に必ず一人以上の守護霊がつくまでになって、今日に及んでいる。（第2図）

第2図

著者紹介：五井昌久（ごいまさひさ）

大正５年東京に生まれる。昭和24年神我一体を経験し、覚者となる。白光真宏会を主宰、祈りによる世界平和運動を提唱して、国内国外に共鳴者多数。昭和55年８月帰神（逝去）する。著書に『神と人間』『天と地をつなぐ者』『小説阿難』『老子講義』『聖書講義』等多数。

発行所案内： 白光（びゃっこう）とは純潔無礙なる澄み清まった光、人間の高い境地から発する光をいう。白光真宏会出版本部は、この白光を自己のものとして働く菩薩心そのものの人間を育てるための出版物を世に送ることをその使命としている。この使命達成の一助として月刊誌「白光」を発行している。

白光真宏会出版本部ホームページ　http://www.byakkopress.ne.jp/
白光真宏会ホームページ　http://www.byakko.or.jp/

講話集1　神様にまかせきる

平成二十一年二月二十五日　初版
平成二十六年八月二十日　三版

著者　五井昌久
発行者　平本雅登
発行所　白光真宏会出版本部
〒418-0102　静岡県富士宮市人穴八一二―一
電話　〇五四四（二九）五一〇九
ＦＡＸ　〇五四四（二九）五一二二
振替　〇〇一二〇・六・一五一三四八
東京出張所
〒101-0064　東京都千代田区猿楽町二―一―十六　下平ビル四〇一
電話　〇三（五二八三）五七九八
ＦＡＸ　〇三（五二八三）五七九九
印刷所　加賀美印刷株式会社

乱丁・落丁はお取り替えいたします。
定価はカバーに表示してあります。

ISBN978-4-89214-188-1 C0014

五井昌久著

神と人間
本体 一三〇〇円＋税 〒250
文庫判本体 四〇〇円＋税 〒160

われわれ人間の背後にあって、昼となく夜となく、運命の修正に尽力している守護霊守護神の存在を明確に打ち出し、霊と魂魄、人間の生前死後、因縁因果をこえる法等を詳説した安心立命への道しるべ。

天と地をつなぐ者
本体 一四〇〇円＋税 〒250

「霊覚のある、しかも法力のある無欲な宗教家の第一人者は五井先生でしょう」とは、東洋哲学者・安岡正篤先生の評。著者の少年時代よりきびしい霊修業をへて、自由身に脱皮、神我一体になるまでの自叙伝である。

小説 阿《あ》難《なん》
本体 二八〇〇円＋税 〒250

著者の霊覚にうつし出された、釈尊の法話、精舎での日々、阿難を中心とする沙門達の解脱から涅槃まで、治乱興亡の世に救いを求める人々の群等を、清明な筆で綴る叙事的ロマン。一読、自分の心奥の変化に驚く名作。「釈迦とその弟子」の改題新装版。

老子講義
本体 二九〇〇円＋税 〒250

現代の知性人にとって最も必要なのは、老子の無為の生き方である。これに徹した時、真に自由無礙、自在心として、天地を貫く生き方ができる。この講義は老子の言葉のただ単なる註釈ではなく、著者自身の魂をもって解釈する指導者必読の書。

聖書講義
本体 二九〇〇円＋税 〒250

具体的な社会現象や歴史的事項を引用しつつ、キリスト教という立場でなく、つねにキリストの心に立ち、ある時はキリスト教と仏教を対比させ、ある時はキリストの神霊と交流しつつ、キリストの真意を開示した書。

五井昌久　聖ヶ丘講話シリーズ

高級霊《ハイスピリット》は上機嫌

本体　一四〇〇円＋税　〒250

—in high spirits—上機嫌でいつも明るく朗らかな人はハイスピリットです。不機嫌な時代に生きるハイスピリットさん。本領を発揮すれば運命が開けます。常に機嫌よく明るくあるにはどうしたらよいか、人生の達人の著者はその方法をやさしく教えてくれます。

私に荷物を預けなさい

本体　一三〇〇円＋税　〒250

人は心に荷物を持ちすぎている。だから自由に動けないし、生きられない。重荷を下ろして、身も心も軽く人生を生きる秘訣を平易に説く。

責めてはいけません

本体　一三〇〇円＋税　〒250

明るく、いのち生き生きと生きるには、自他をいつまでも責めてはいけない。自分をゆるし人をゆるし、自分を愛し人を愛す、愛とゆるしが光明人生の鍵。

天の心かく在り　—日本の進むべき道

本体　一四〇〇円＋税　〒250

天の心とは、大調和の心。日本が真に世界の平和に貢献するには、日本人本来の大調和精神を発揮し、思想を超えた純粋なる平和の祈りに人々の心を結集することである。

永遠のいのち　—本当の自分に出合う

本体　一五〇〇円＋税　〒250

人間は肉体の死後も、個性を持ったまま永遠に生きつづけるものである。あなたの生命は永遠の生命の一つの現われである。永遠の生命に目覚めると、愛と叡智と勇気に満たされ、いのち輝かな自分に変化してゆく。本書には、永遠の生命に直結する生き方が示されている。

五井昌久著

我を極める
——新しい人生観の発見

本体　一六〇〇円＋税　〒250

人間はいかに生きるべきか。我を極めた先にあるのは、個人と人類が一体となる世界平和成就の道だった——。「世界平和の祈り」の提唱者・五井昌久が語る宗教観、人間観。

詩集　ひびき

本体　一四〇〇円＋税　〒250

宗教精神そのもので高らかにうたいあげた格調ある自由詩と短歌を収録。一読、心が洗われる。

歌集　冬の海

本体　一八〇〇円＋税　〒250

心を練って言葉を練れ、言葉を練って心を練れ、歌は心であると透徹した心がうたう世界平和、信仰、神、人生など三六三首の短歌を収める。

歌集　夜半《よわ》の祈り

本体　一八〇〇円＋税　〒250

祈りによる世界平和運動を提唱した著者が、天地自然の美を最も単純化した表現で詠む。各歌の底にひびきわたる生命の本源のひびきが現代人の心に真の情緒を呼び覚ます。晩年に発表した作品を中心に三三〇首を収録。

句集　盆太鼓

本体　九七一円＋税　〒250

著者は晩年の昭和五十年より俳句をつくりはじめ、亡くなる昭和五十五年夏までに一四五句をつくった。著者ならではの味わい深い全作品を収録。

＊定価は消費税が加算されます。

西園寺昌美著

教育の原点
――運命をひらく鍵

本体 一六〇〇円＋税 〒250

自殺、いじめ、登校拒否など、現代の子供が抱える問題に〝人間は神の子、永遠の生命〟の視点から光をあてた画期的な教育論。ここに現状を打破し、輝かしい人生を築くための叡智がある。

光明思想に徹しよう

本体 一五〇〇円＋税 〒250

人間は本来、神の子であり、光り輝く存在である。光明思想に徹すると、神の子の素晴らしい力が湧いてきて、自分でも思いもよらぬ可能性が開けてくる。

自己完成

本体 一五〇〇円＋税 〒250

あなたは自分が好きですか？ 人間の不幸はすべて、自分が自分を好きになれないところから始まっている。自分が自分を赦し、愛せた時にはじめて、自分本来の輝かしい姿を見出せるのである。著者は誰もが容易に自己完成に至る道を説く。

人生の目的地

本体 一五〇〇円＋税 〒250

前へ前へ歩みを進めよう。たとえどんな困難の中にあろうとも、私たちにはそれを乗り越える力がそなわっている。希望に満ちた人生の目的地は、この先で必ずあなたを待っている。心に生きる力と勇気が湧き上がってくる書。

果因説
――意識の転換で未来は変わる

本体 一六〇〇円＋税 〒250

果因説とは、因縁因果の法則を超越し、全く新たなイメージで未来を創り上げる方法です。もう過去に把われる必要はありません。果因説を知った今この瞬間から、新しい未来が始まるのです。

＊定価は消費税が加算されます。